全国中等职业学校会计专业教材

（第2版）

财经法规与职业道德习题册

招戈　主编

中国劳动社会保障出版社

简 介

本习题册与全国中等职业学校会计专业教材《财经法规与职业道德（第二版）》配套使用。 习题册按教材章节的顺序编写，题型包括单项选择题、多项选择题、判断题、案例分析题等，供学生课后练习使用。

本习题册配有参考答案，可通过职业教育教学资源和数字学习中心（http://zyjy.class.com.cn）免费下载。

本习题册由招戈任主编，陈智毅、王姣、邹淳参与编写。

图书在版编目(CIP)数据

财经法规与职业道德（第二版）习题册/招戈主编. -- 北京：中国劳动社会保障出版社，2018

全国中等职业学校会计专业教材

ISBN 978-7-5167-3604-3

Ⅰ.①财… Ⅱ.①招… Ⅲ.①财政法-中国-中等专业学校-习题集②经济法-中国-中等专业学校-习题集③会计人员-职业道德-中等专业学校-习题集 Ⅳ.①D922.2-44②F233-44

中国版本图书馆 CIP 数据核字(2018)第 181727 号

中国劳动社会保障出版社出版发行

（北京市惠新东街 1 号 邮政编码：100029）

*

三河市华骏印务包装有限公司印刷装订 新华书店经销

787 毫米×1092 毫米 16 开本 5.5 印张 129 千字

2018 年 8 月第 1 版 2024 年 7 月第 7 次印刷

定价：10.00 元

营销中心电话：400-606-6496

出版社网址：http://www.class.com.cn

http://jg.class.com.cn

目　录

第一章　会计法律制度

第一节　会计法律制度的概念与构成

一、单项选择题

1.《总会计师条例》是由（　　）发布的。

A. 全国人民代表大会及其常务委员会　　B. 国务院

C. 省、自治区、直辖市人民代表大会　　D. 财政部

2.《企业会计准则——基本准则》属于（　　）。

A. 会计行政法规　　B. 会计法律

C. 会计部门规章　　D. 规范性文件

3. 会计法律是指由（　　）经过一定的立法程序制定的有关会计工作的法律。

A. 全国人民代表大会　　B. 全国人民代表大会及其常务委员会

C. 国务院及国务院有关部门　　D. 国务院财政部门

4. 下列选项属于会计行政法规的是（　　）。

A.《会计法》

B.《企业财务会计报告条例》

C.《财经法规与会计职业道德工作规范》

D.《会计从业资格管理办法》

5.（　　）不属于会计部门规章。

A.《企业会计准则——基本准则》　　B.《总会计师条例》

C.《小企业会计制度》　　D.《会计档案管理办法》

6.《会计从业资格管理办法》属于会计法律制度中的（　　）。

A. 会计法律　　B. 会计规范性文件

C. 会计行政法规　　D. 会计部门规章

7. 关于《会计法》的表述，不正确的是（　　）。

A.《会计法》是会计工作的最高准则

B.《会计法》是会计法律制度中层次最高的法律规范

C.《会计法》是制定其他会计法规的依据

D.《会计法》是国家宪法

8.（　　）是调整经济生活中某些方面会计关系的法律规范。

A. 会计行政法规　　B. 会计法律　　C. 会计部门规章　　D. 地方性会计法规

二、多项选择题

1. 关于会计行政法规的表述，正确的有（　　）。

A. 会计行政法规由国务院制定并发布
B. 会计行政法规由全国人民代表大会及其常务委员会制定并发布
C. 会计行政法规由国务院有关部门拟订并经国务院批准发布
D. 会计行政法规由国务院财政部门制定并发布

2. 会计法律制度包括（　　）。
A. 会计部门规章　B. 行政法规　C. 会计法律　D. 会计法规

3. 地方性会计法规不得与（　　）相抵触。
A. 宪法　B. 会计法律　C. 行政法规　D. 统一的会计制度

4. 下列选项属于会计法律的有（　　）。
A.《企业财务会计报告条例》　B.《会计法》
C.《预算法》　D.《注册会计师法》

5. 下列选项属于会计部门规章的有（　　）。
A.《企业财务会计报告条例》　B.《企业会计准则第 1 号——存货》
C.《小企业会计制度》　D.《行政单位会计制度》

6.《注册会计师法》规定，财政部对（　　）进行监督指导。
A. 注册会计师　B. 会计师事务所
C. 注册会计师协会　D. 中国证券业协会

7. 下列选项属于《会计法》调整范围的有（　　）。
A. 某上市公司没有在财务会计报告中披露为其他单位提供债务担保的事实
B. 某个人消费者将商店开具的购买服装的发票撕毁
C. 某纳税人在填写纳税申报表时隐瞒其实际收入
D. 某国有企业任用没有会计从业资格的人员从事会计工作

8. 属于国家统一的会计准则制度的有（　　）。
A. 国家统一的会计核算制度
B. 国家统一的会计监督制度
C. 国家统一的会计机构和会计人员管理制度
D. 国家统一的会计工作管理制度

三、判断题

1. 会计行政法规的制定依据是《会计法》。（　　）
2.《企业财务会计报告条例》的法律效力高于《企业会计准则——基本准则》。（　　）
3.《会计从业资格管理办法》由各地财政部门自行规定。（　　）
4. 国务院有关部门可以根据国家有关法律、法规，制定本部门或本系统的货币资金内部控制规定。（　　）
5.《会计法》是我国会计工作的根本性法律，也是制定其他会计法规的依据。（　　）
6. 会计关系是会计机构和会计人员在办理会计事务过程中发生的经济关系。（　　）

第二节 会计工作管理体制

一、单项选择题

1. 根据《会计法》的规定，（　　）应当保证会计机构、会计人员依法履行职责，不得授意、指使、强令会计机构、会计人员违法办理会计事项。

A. 会计机构负责人（或会计主管人员）　B. 总会计师
C. 各级人民政府的财政部门　D. 单位负责人

2. 根据《会计法》的规定，（　　）对本单位的会计工作和会计资料的真实性、完整性负责。

A. 会计主管人员　B. 单位负责人
C. 总会计师　D. 会计机构负责人

3. 财政部门对会计从业资格的取得所进行的条件设定，称为（　　）。

A. 会计培训市场的管理　B. 会计市场准入管理
C. 会计市场运作管理　D. 会计市场退出管理

4. 我国的会计工作管理体制是（　　）。

A. 统一领导　B. 分级管理
C. 统一领导、分级管理　D. 统一领导、集中管理

5. 根据《会计法》的规定，单位内部的会计工作管理，应由（　　）承担首要责任。

A. 单位会计机构负责人　B. 总会计师
C. 单位负责人　D. 上级主管部门

6. 某单位的下列人员中，按照《会计法》的规定应当是本单位会计责任主体的是（　　）。

A. 董事长　B. 销售经理　C. 总会计师　D. 财务处长

7. 在某事业单位中，根据回避制度的规定，会计主管人员的直系亲属不得担任本单位的（　　）。

A. 会计机构负责人　B. 库管
C. 出纳　D. 稽核

8. 对违反《会计法》的行为实施行政处罚的主体只能是（　　）。

A. 各级人民政府　B. 各级人民政府财政部门
C. 县级以上人民政府　D. 县级以上人民政府财政部门

9. 下列事项中，没有违背会计法律规定的回避制度的是（　　）。

A. 某单位法人代表的妻子担任本单位财务部门经理
B. 某单位会计科长的女儿担任本部门出纳
C. 某单位董事长的养子担任财务部门经理
D. 某单位财务处处长的同学担任本部门出纳

二、多项选择题

1. 《会计法》所称的单位负责人是指（ ）。
   A. 法律规定代表单位行使职权的主要负责人
   B. 行政法规规定代表单位行使职权的主要负责人
   C. 行政规章规定代表单位行使职权的主要负责人
   D. 单位法定代表人
2. 财政部门履行的会计行政管理职能主要有（ ）。
   A. 会计准则制度及相关标准规范的制定和组织实施
   B. 会计市场管理
   C. 会计专业人才评价
   D. 会计监督检查
3. 会计市场管理包括（ ）。
   A. 会计市场的准入管理　　B. 会计市场的过程监管
   C. 会计市场的退出管理　　D. 会计专业人才评价
4. 对单位负责人在会计监督中的职责，下列表述正确的是（ ）。
   A. 必须事事参与，严格把关
   B. 保证内部监督制度的建立和健全，并发挥其有效的作用
   C. 不得授意、指使、强令会计人员办理违法事项
   D. 对本单位会计资料的真实性、完整性负责
5. 单位内部的会计工作管理主要包括（ ）。
   A. 单位负责人的职责　　B. 会计机构的设置
   C. 会计人员的选拔任用　　D. 会计人员回避制度
6. 下列表述正确的有（ ）。
   A. 财政部主管全国的会计工作
   B. 地方各级人民政府财政部门管理本行政区域内的会计工作
   C. 各行业主管部门主管本行业内的会计工作
   D. 县级以上地方各级人民政府财政部门管理本行政区域内的会计工作
7. 我国会计工作管理体制包括（ ）。
   A. 会计工作的行政管理　　B. 会计工作的自律管理
   C. 单位内部的会计工作管理　　D. 会计核算管理
8. 属于会计工作行业管理的有（ ）。
   A. 中国注册会计师协会组织实施注册会计师全国统一考试
   B. 中国会计学会组织召开会计学术研讨会
   C. 单位负责人督促会计人员按照国家统一的会计制度的规定进行会计核算
   D. 某会计人员在家自学会计专业技术相关知识
9. 属于财政部门负责管理的活动有（ ）。
   A. 会计从业资格管理　　B. 会计专业技术资格管理
   C. 会计人员学历教育　　D. 会计人员奖惩

三、判断题

1.《会计法》规定，国务院财政部门主管全国的会计工作，市级以上地方人民政府财政部门管理本行政区域内的会计工作。（ ）

2. 会计工作的主管机关为各级财政部门，但并不排斥国家其他部门对会计工作进行管理。（ ）

3. 单位负责人应该对单位的会计工作负责，这就意味着单位负责人必须直接参与会计工作。（ ）

4. 我国对会计工作实行的是统一领导、分级管理原则下的政府主导型管理体制。（ ）

5. 国家机关、国有企业、事业单位、私营企业任用会计人员都应当实行回避制度。（ ）

6. 老王为一家国有企业的负责人，他将其朋友的妻子安排在本部门担任会计机构负责人，他的这一行为违背了会计人员回避制度。（ ）

7. 担任总会计师的人员应当在取得高级会计师任职资格后，主管一个单位或单位内一个重要方面的财务会计工作时间不少于5年。（ ）

第三节 会计核算

一、单项选择题

1. 会计机构、会计人员对不真实、不合法的原始凭证，正确的做法是（ ）。

A. 有权不予接受，并向单位负责人报告

B. 予以退回，并要求按照国家统一的会计制度的规定更正、补充

C. 予以接受，并有权对此按照国家统一的会计制度的规定进行合理调整

D. 有权不予接受，并向会计机构负责人报告

2. 单位在审核原始凭证时，发现外来原始凭证的金额有错误，应由（ ）。

A. 接受凭证单位更正并加盖公章　　B. 出具凭证单位更正并加盖公章

C. 出具凭证单位重开　　D. 经办人员更正并报领导审批

3. 根据《会计档案管理办法》的规定，一般企业、事业单位销毁会计档案，应由（ ）。

A. 会计部门负责人监销　　B. 同级财政部门派人监销

C. 同级审计部门派人监销　　D. 档案部门和会计部门共同派人监销

4. 企业不应高估资产或者收益，低估负债或者费用，这遵循的是（ ）会计信息质量要求。

A. 谨慎性　　B. 重要性　　C. 明晰性　　D. 相关性

5. 会计档案移交清册一般应当填制（ ）。

A. 一式两份　　B. 一式三份　　C. 一份　　D. 一式四份

6.《会计档案管理办法》规定，银行存款日记账的保管期限是（ ）。

A. 10年　　B. 15年　　C. 30年　　D. 永久

7. 下列不属于会计档案的是（　　）。

A. 银行存款余额调节表　　B. 固定资产卡片

C. 会计档案移交清册　　D. 月度财务收支计划表

8. 业务收支以外币为主的单位，其编报的财务会计报告应当折算为（　　）。

A. 美元　　B. 人民币　　C. 英镑　　D. 任何一种货币

9. 按照《会计法》的规定，在对外提供的财务会计报告上，单位负责人应（　　）。

A. 签名　　B. 签名或盖章　　C. 盖章　　D. 签名并盖章

10. 在使用中文的前提下，可同时使用另一种通用文字作为会计记录文字的地区或单位包括（　　）。

A. 民族自治地方，经济特区的外商投资企业、外国企业和其他外国组织

B. 民族自治地方，在我国境内的外商投资企业、外国企业和其他外国组织

C. 少数民族多的地区，经济特区的外商投资企业、外国企业和其他外国组织

D. 少数民族多的地区，在我国境内的外商投资企业、外国企业和其他外国组织

二、多项选择题

1. 属于变造会计凭证行为的有（　　）。

A. 某企业为一位客户虚开一张销货发票，并按票面金额的5%收取好处费

B. 某企业出纳人员将一张报销凭证上的金额6 000元涂改为16 000元

C. 某业务员将购货发票上的金额50万元修改为80万元报账

D. 购货部门转来一张购货发票，票面金额计算有误，出票单位已作更正并加盖出票单位公章

2. 属于会计机构、会计人员应当退回并要求按国家统一的会计制度的规定更正、补充的原始凭证有（　　）。

A. 不完整的原始凭证　　B. 不合法的原始凭证

C. 不准确的原始凭证　　D. 不真实的原始凭证

3. 会计机构、会计人员必须按照国家统一的会计制度的规定对原始凭证进行审核，在一定情况下，其有权不接受原始凭证，并向单位负责人报告。下列各项中，属于前述“一定情况”的有（　　）。

A. 原始凭证不准确　　B. 原始凭证不真实

C. 原始凭证不完整　　D. 原始凭证不合法

4. 会计档案的作用有（　　）。

A. 有助于查证违法违纪问题，防止贪污舞弊现象发生

B. 有助于总结经济工作经验

C. 有助于指导经济管理和事业管理

D. 是记录和反映经济业务的重要史料和证据

5. 反贪局到乙企业调查上任会计主管经济问题，会计档案保管人员得到领导同意后，将会计档案借给反贪局。下列说法正确的有（　　）。

A. 会计档案不能借给反贪局

B. 根据《会计档案管理办法》的规定，各单位保存的会计档案不得借出

C. 如有特殊需要，经本单位负责人批准，可以提供会计档案的查阅或复制，并办理登记手续

D. 反贪局是为社会公共利益而借阅会计档案，可以借出

6. 核对账目的要求包括（　　）。

A. 做到账账相符　　B. 做到账表相符

C. 做到账实相符　　D. 做到账证相符

7. 根据《会计法》的规定，各单位应当定期将会计记录与实物、款项及有关资料相互核对，其目的包括（　　）。

A. 保证会计账簿记录与实物、款项的实有数相符

B. 保证会计账簿之间相对应的记录相符

C. 保证会计账簿记录与会计报表的有关内容相符

D. 保证会计账簿记录与会计凭证的有关内容相符

8. 会计核算的要求有（　　）。

A. 正确使用会计记录文字　　B. 正确采用会计处理方法

C. 以实际发生的经济业务事项为依据　　D. 依法建账

9. 根据《会计法》的规定，对会计资料的基本要求包括（　　）。

A. 不得更改会计凭证和会计账簿

B. 不得提供虚假的财务会计报告

C. 不得伪造、变造会计凭证和会计账簿

D. 会计资料的内容和要求必须符合国家统一的会计制度的规定

10. 由（　　）共同负责会计档案工作的指导、监督和检查。

A. 各级人民政府财政部门　　B. 单位管理层

C. 档案行政管理部门　　D. 会计师事务所

三、判断题

1. 出纳小王在办理业务的过程中，收到一张经过审核的费用报销单，小王私自篡改了报销金额以获取私利，小王的行为属于伪造原始凭证的行为。（　　）

2. 企业档案部门可以会同会计部门对企业会计档案进行清理，编造会计档案销毁清册，将保管期已满的会计档案按规定程序全部销毁。（　　）

3.《会计档案管理办法》规定的会计档案保管期限为最低保管期限。（　　）

4. 企业在进行会计核算时，允许在会计记录文字上并用中文和其他通用文字。（　　）

5. 租借设备的辅助登记簿属于明细账。（　　）

6. 财务报表指的是单位对外提供的反映单位财务状况的报表。（　　）

7. 会计期间就是指会计年度。（　　）

8. 企业附送的财务会计报告无须按照税法计算调整。（　　）

9. 企业向有关各方提供的财务会计报告，其编制方法可以不一致。（　　）

10. 会计资料包括会计凭证、会计账簿、财务会计报告和其他会计资料。（　　）

第四节　会计监督

一、单项选择题

1. 行政事业单位内部控制应当在单位内部的管理、职责分工、业务流程等方面形成相互制约和相互监督，这体现了内部控制的（　　）原则。

A. 适应性　　B. 重要性　　C. 制衡性　　D. 全面性

2. 下列关于会计内部监督基本要求的表述，错误的是（　　）。

A. 会计机构、会计人员对违反《会计法》和国家统一的会计制度规定的会计事项，有权拒绝办理或按照职权予以纠正

B. 各单位应当建立健全内部会计监督制度

C. 任何单位和个人对违反《会计法》和国家统一的会计制度规定的行为，有权检举

D. 会计机构、会计人员发现会计账簿与实物、款项及有关资料不相符的，应当立即向单位负责人报告，请示查明原因，作出处理

3. 下列各项属于必须由注册会计师承办的业务是（　　）。

A. 验证企业资本，出具验资报告　　B. 提供税务咨询

C. 代理纳税申报　　D. 提供管理咨询

4. 下列选项不属于财政部门实施会计监督检查内容的是（　　）。

A. 各单位是否按照实际发生的经济业务进行会计核算

B. 各单位是否按照税法的规定按时足额纳税

C. 各单位会计核算是否符合法定要求

D. 各单位是否依法设置会计账簿

5. 会计机构、会计人员发现会计账簿与实物、款项及有关资料不相符的，正确的做法是（　　）。

A. 自行处理

B. 向当地财政部门报告，由财政部门进行处理

C. 提交单位负责人进行处理

D. 根据国家统一的会计制度的规定，有权自行处理的应及时处理，无权处理的，应立即向单位负责人报告

6. 根据《会计法》的规定，会计机构、会计人员在审核原始凭证时，对不真实、不合法的原始凭证有权不予受理，并将有关情况上报，其报告的对象是（　　）。

A. 会计机构负责人　　B. 上级单位负责人

C. 单位负责人　　D. 总会计师

7. 各单位内部会计监督的主要途径是（　　）。

A. 通过建立健全内部会计监督制度进行监督

B. 通过会计人员进行监督

C. 通过会计机构进行监督

D. 通过单位负责人进行监督

8. 无权对会计师事务所进行监督检查的部门是（　　）。

A. 省财政部门　　B. 直辖市财政部门

C. 自治区财政部门　　D. 县级财政部门

9. 根据《会计基础工作规范》的规定，内部会计监督的对象是本单位的（　　）。

A. 会计制度　　B. 会计人员　　C. 经济活动　　D. 财产安全

10. 根据《注册会计师法》的规定，注册会计师及会计师事务所依法承办的不属于审计业务的是（　　）。

A. 办理投资评估、资产评估和项目可行性研究的有关业务

B. 验证企业资本，出具验资报告

C. 办理企业合并、分立、清算事宜中的审计业务，出具有关报告

D. 审查企业财务会计报告，出具审计报告

二、多项选择题

1. 应当按照有关法律规定对有关单位的会计资料实施监督检查的机构有（　　）。

A. 人民银行　　B. 审计部门　　C. 税务部门　　D. 财政部门

2. 会计人员在单位内部的监督职权包括（　　）。

A. 对违反《会计法》和国家统一的会计制度规定的会计事项，有权拒绝办理或按照职权予以纠正

B. 发现会计账簿与实物、款项及有关资料不相符的，按照国家统一的会计制度的规定，有权自行处理的应当及时处理，无权处理的，应当立即向单位负责人报告，请求查明原因，作出处理

C. 监督各单位从事会计工作的人员

D. 办理企业合并、分立、清算事宜中的审计业务，出具有关的报告

3. 依据《财政部门实施会计监督办法》的规定，财政部门依法对各单位会计账簿设置所实施的监督检查包括（　　）。

A. 是否存在伪造会计账簿的行为

B. 应当设置会计账簿的是否按规定设置会计账簿

C. 设置会计账簿是否存在其他违反法律、行政法规和国家统一的会计制度的行为

D. 是否存在任用无会计从业资格证的人员从事会计工作

4. 下列选项属于不相容职务的有（　　）。

A. 出纳与记账　　B. 出纳与会计档案保管

C. 业务审批与记账　　D. 业务经办与业务审批

5. 下列选项属于注册会计师审计与内部审计的区别的是（　　）。

A. 审计独立性不同　　B. 审计对象不同

C. 审计方式不同　　D. 审计职责和作用不同

6. 某省级财政部门在对某企业进行检查时，发现由于会计机构人手较少，会计刘某同时负责会计账簿的记账和审批。下列说法正确的有（　　）。

A. 刘某可以同时负责记账和部分事项的审批

B. 刘某不可以同时负责记账和部分事项的审批

C. 刘某同时负责记账和部分事项的审批，不符合单位内部会计监督制度的基本要求

D. 记账人员与审批人员属于不相容职务，但特殊情况下可以由同一人担任

7. 对会计工作的社会监督包括（　　）。

A. 财政部门对单位会计机构和会计人员的会计行为的监督

B. 注册会计师对委托单位的资本进行验证

C. 单位和个人检举违反会计法律制度规定的行为

D. 注册会计师对受托单位的财务会计报告进行审计

8. 下列属于内部会计监督制度基本要求的有（　　）。

A. 建立会计档案管理制度

B. 对会计资料执行内部审计的办法和程序应当明确

C. 会计事项相关人员的职责权限应当明确

D. 重要经济业务事项的决策和执行的相互监督、相互制约程序应当明确

9. 某省级财政部门在对某企业进行检查时，发现由于财务主管方某业务能力强，单位负责人授权其全权负责对外投资事宜，包括对外投资的决策和执行。下列说法中正确的有（　　）。

A. 该企业的做法符合规定

B. 该企业的做法不符合规定

C. 重大经济业务要建立有效的监督和控制制度

D. 重大经济业务的决策人员和执行人员之间应当相互监督、相互制约，防止权限过于集中

三、判断题

1. 所有会计师事务所均有资格对上市公司和证券期货相关的经营机构进行审计。（　　）

2. 财政部门实施会计监督检查的对象是会计行为。（　　）

3. 单位和个人检举违反《会计法》和国家统一的会计制度规定的行为，也属于会计工作社会监督的范畴。（　　）

4. 出纳人员不得同时兼任收入和费用的核算工作。（　　）

5. 从事会计工作的人员是否具备会计从业资格也是财政部门监督的内容。（　　）

6. 会计师事务所的合伙人或股东应当具有取得注册会计师证书后连续5年在会计师事务所从事审计业务的经历。（　　）

7. 会计师事务所的设立由省级财政部门审批，批准后报财政部备案。（　　）

8. 政府监督和社会监督都属于外部会计监督。（　　）

9. 对企业而言，内部控制是指单位为实现控制目标，通过制定制度、实施措施和执行程序，对经济活动的风险进行防范和管控。（　　）

第五节　会计机构和会计人员

一、单项选择题

1. 下列关于会计工作岗位的说法，不正确的是（　　）。

A. 定期轮换　　B. 根据单位会计业务的需要设置

C. 只能一人一岗　　D. 贯彻内部牵制的原则

2. 某单位办理会计工作交接，接替方为王某，下列说法正确的有（　　）。

A. 交接之后，经单位领导批准，王某可以另外开设账簿

B. 交接之后，王某可以选择继续使用移交前的账簿或者另外开设账簿

C. 交接之后，王某另外开设账簿以分清责任

D. 交接之后，王某应继续使用移交前的账簿，不得擅自另外开设账簿

3. 一般会计人员离职需要办理会计工作交接，监交人是（　　）。

A. 会计主管人员　　B. 其他会计人员　　C. 审计人员　　D. 单位负责人

4. 会计从业资格的管理主要实行属地原则，由（　　）负责本行政区域内的会计人员从业资格管理。

A. 县级以上财政部门　　B. 县级以上审计部门

C. 县级以上税务部门　　D. 市（地）级以上财政部门

5. 会计资料移交后，如果发现是移交人员经办会计工作期间内所发生的问题，应由（　　）承担责任。

A. 单位负责人　　B. 当时的人员

C. 会计机构负责人　　D. 原移交人员

6. 根据《会计基础工作规范》的规定，不属于会计工作岗位的是（　　）。

A. 单位内部审计岗位　　B. 会计电算化岗位

C. 总会计师岗位　　D. 会计档案管理岗位

7. 在办理会计移交手续时，现金要根据会计账簿记录余额进行当面点交，不得短缺，发现不一致或有“白条顶库”现象时，由（　　）在规定期限内负责查清处理。

A. 移交人员　　B. 接交人员　　C. 交接双方　　D. 监交人员

8. 为了逃避纳税，某委托人要求代理记账公司以不真实的发票多计费用，减少利润，代理记账公司没有拒绝。下列说法正确的有（　　）。

A. 对委托人示意的不当会计处理，提供不实的会计资料，代理记账公司应拒绝

B. 对委托人示意的不当会计处理，提供不实的会计资料，代理记账公司只能接受

C. 代理记账公司做法是符合规定的

D. 代理记账公司是按委托人的要求做出上述行为的，不应承担任何责任

二、多项选择题

1. 下列选项属于决定是否需要设置会计机构的因素的有（　　）。

A. 单位规模的大小　　B. 经济业务和财务收支的繁简

C. 经营管理的要求　　D. 单位的性质

2. 出纳人员不得兼管（　　）工作。

A. 会计档案保管　B. 收入账的登记　C. 记账　D. 稽核

3. 下列关于会计工作具体岗位的说法，正确的有（　　）。

A. 对于会计档案管理岗位，在会计档案正式移交之前，属于会计岗位，正式移交档案管理部门之后，不再属于会计岗位

B. 档案管理部门的人员管理会计档案，不属于会计岗位

C. 医院门诊收费员、住院处收费员、商场收银员所从事的工作，属于会计岗位

D. 单位内部审计、社会审计、政府审计工作，不属于会计岗位

4. 根据《会计基础工作规范》的规定，在国家机关、社会团体、公司、企事业单位和其他组织从事会计工作的人员，必须取得会计从业资格，这些工作岗位包括（　　）。

A. 会计机构负责人　　B. 总账

C. 收银　　D. 出纳、稽核

5. 根据《会计工作规范》的规定，会计人员办理移交手续前，必须及时做好的相关工作包括（　　）。

A. 尚未登记的账目应当登记完毕，并在最后一笔余额后加盖经办人员印章

B. 整理应该移交的各项资料，对未了事项写出书面说明

C. 已经受理的经济业务尚未填制会计凭证的，应当填制完毕

D. 编制移交清册，列明应当移交的会计资料和物品等

6. 下列有关办理会计移交手续的表述中，正确的有（　　）。

A. 经单位领导人批准，委托他人代办理移交的，委托人仍应承担相应责任

B. 会计主管人员办理交接手续，由单位领导监交

C. 因病不能工作的会计人员恢复工作的，应当与接替人员办理交接手续

D. 会计机构负责人晋升为本单位总会计师的，由于仍然主管会计工作，可不办理交接手续

7. 继续教育的目的有（　　）。

A. 提高会计人员的学历　　B. 提高会计人员的职业道德水平

C. 提高会计人员的学位　　D. 提高会计人员的专业胜任能力

8. 会计机构负责人、会计主管人员办理交接由（　　）监交。

A. 主管会计工作的副经理　　B. 主管单位派人

C. 本单位其他部门负责人　　D. 本单位负责人

9. 设置会计工作岗位的基本原则包括（　　）。

A. 符合内部牵制制度的要求

B. 要建立岗位责任制

C. 根据本单位会计业务的需要设置会计工作岗位

D. 对会计人员的工作岗位要有计划地进行轮岗，以促进会计人员全面熟悉业务和不断提高业务素质

10. 下列各种情况中，应当进行会计从业资格注销的有（　　）。

A. 持证人员死亡或者丧失行为能力的

B. 伪造、变造会计凭证、会计账簿，编制虚假财务会计报告，被吊销会计从业资格证书的

C. 会计从业资格管理机构工作人员滥用职权、玩忽职守，作出给予持证人员会计从业资格决定的

D. 持证人员以欺骗、贿赂、舞弊等不正当手段取得会计从业资格的

三、判断题

1.《会计法》规定，各单位应当根据会计业务的需要设置会计机构，或者在有关机构中设置人员并指定会计主管人员，但不具备设置会计机构或会计人员条件的单位应当委托经批准设立从事代理记账业务的中介机构代理记账。（　　）

2. 会计人员工作交接后，如事后发现问题，仍应由原移交人员负责，原移交人员不应以会计资料已经移交而推脱责任，接替人员不对移交过来的材料的真实性、完整性负法律上的责任。（　　）

3. 某企业因规模较小，未设置独立的会计机构，只在行政办公室内配备了两名会计人员，并设定其中一名为会计主管人员。该企业这一做法违反了《会计法》中关于会计机构设置的有关规定。（　　）

4. 根据《会计法》的规定，不设置会计机构的单位应在有关机构中设置会计人员并指定会计主管人员。（　　）

5. 出纳人员可以兼管总账和固定资产明细账登记工作。（　　）

6. 财政部只对会计人员的相关资格条件进行统一规定，会计人员取得相关资格或符合有关条件后，能否具体从事相关工作，由所在单位自行决定。（　　）

7. 会计人员办理工作交接时，如遇有价证券面额与发票不一致时，应当按照会计账簿记录的原值交接。（　　）

8. 实行会计电算化的单位，交接双方应在计算机上对有关数据进行实际操作，确认有关数字正确无误后，方可交接。（　　）

第六节　法律责任

一、单项选择题

1. 授意、指使、强令会计机构、会计人员及其他人员伪造、变造会计凭证、会计账簿，编制虚假会计报告，尚未构成犯罪的，由县级以上人民政府财政部门对违法行为处以（　　）的罚款。

A. 5 000 元以上 100 000 元以下　　B. 3 000 元以上 5 000 元以下

C. 10 000 元以上 100 000 元以下　　D. 5 000 元以上 50 000 元以下

2. 下列选项中，不属于对会计违法行为的行政处分的是（　　）。

A. 责令限期改正　　B. 警告　　C. 记过　　D. 开除

3. 根据《会计法》的规定，会计人员变造会计凭证和会计账簿，尚不构成犯罪的，单位应承担的法律责任是（　　）。

A. 予以警告，并处以 3 000 元以上 100 000 元以下的罚款

B. 处以 3 000 元以上 100 000 元以下的罚款，并吊销其会计从业资格证书

C. 予以警告，并处以 40 000 元以上 100 000 元以下的罚款

D. 处以 3 000 元以上 50 000 元以下的罚款，并吊销其会计从业资格证书

4. 违反刑事法律规范所应当承担的法律责任是（　　）。

A. 行政责任　　B. 赔偿责任　　C. 民事责任　　D. 刑事责任

5. 未按照规定使用会计记录文字的，县级以上人民政府财政部门可以对直接负责的主管人员和其他相关人员处以（　　）的处罚金额。

A. 3 000 元以上 30 000 元以下　　B. 5 000 元以上 50 000 元以下

C. 3 000 元以上 50 000 元以下　　D. 2 000 元以上 20 000 元以下

6. 根据《刑法》的规定，刑法可以分为主刑和附加刑，下列各项中属于附加刑的是（　　）。

A. 拘役　　B. 无期徒刑　　C. 有期徒刑　　D. 剥夺政治权利

7. 以未经审核的会计凭证为依据登记会计账簿的，由县级以上财政部门视情况对直接负责的主管人员处以（　　）的罚款。

A. 2 000 元以上 10 000 元以下　　B. 2 000 元以下

C. 2 000 元以上 20 000 元以下　　D. 3 000 元以上 500 000 元以下

8. 下列违反《会计法》的行为中，应由县级以上人民政府财政部门责令限期改正，并可以对单位处以 3 000 元以上 50 000 元以下罚款的是（　　）。

A. 私设会计账簿

B. 伪造、变造会计凭证、会计账簿

C. 隐匿或者故意销毁依法应当保存的会计凭证、会计账簿、财务会计报告

D. 授意、指使、强令会计机构、会计人员及其他人员伪造、变造会计凭证、会计账簿，编制虚假财务会计报告

二、多项选择题

1. 根据《会计法》的规定，单位负责人有（　　）行为之一的，由县级以上人民政府财政部门责令限期改正，并可处以 2 000 元以上 20 000 元以下的罚款；属于国家工作人员的应当依法给予处分；构成犯罪的，依法追究刑事责任。

A. 指使会计人员私设会计账簿或者不依法设置会计账簿的

B. 拒绝、阻挠财政等有关部门依法监督检查的

C. 对会计人员提出的会计监督报告不处理或者处理错误的

D. 授意、指使、强令会计机构、会计人员及其他人员伪造、变造会计凭证、会计账簿，编制虚假财务会计报告，或者隐匿、故意销毁依法应当保存的会计凭证、会计账簿、财务会计报告及其他会计资料的

2. 会计人员必须承担法律责任的行为有（　　）。

A. 伪造会计凭证、会计账簿

B. 登记会计账簿不符合规定

C. 向税务机关和银行提供的财务会计报告不一致

D. 隐匿或故意销毁依法应当保存的会计凭证等资料

3. 行政责任包括（　　）。

A. 行政处罚　　B. 行政处分　　C. 驱逐出境　　D. 罚金

4. 下列选项中，属于对会计违法行为进行行政处分的有（　　）。

A. 撤职　　B. 降级　　C. 责令整改　　D. 警告

5. 下列说法正确的是（　　）。

A. 会计资料的生成必须符合国家统一的会计制度的规定

B. 伪造、变造会计凭证是一种严重的违法行为

C. 会计资料的提供必须符合国家统一的会计制度的规定

D. 编制虚假财务报告是一种严重的违法行为

6. 下列选项中，属于行政复议决定种类的有（　　）。

A. 维持决定　　B. 限期履行决定　　C. 责令赔偿决定　　D. 强制执行决定

7. 单位负责人对会计人员实行打击报复，不构成犯罪的可由（　　）依法给予行政处分。

A. 行政监察部门　　B. 所在单位　　C. 司法部门　　D. 上级单位

8. 根据《会计法》的规定，对不依法设置会计账簿的单位，由县级以上人民政府财政部门给予的处罚措施有（　　）。

A. 责令限期改正　　B. 罚款　　C. 吊销营业执照　　D. 没收税务登记证

9. 单位负责人万某为了粉饰财务报表，要求会计李某编制虚假的会计凭证，虚增利润100 万元。关于会计李某的行为，下列说法正确的是（　　）。

A. 省级以上财政部门可以按照规定吊销李某的会计从业资格证书

B. 李某的行为属于伪造会计凭证

C. 对李某处以 3 000 元以上 50 000 元以下的罚款

D. 李某的行为属于变造会计凭证

三、判断题

1. 根据《会计法》的规定，伪造、变造会计凭证、会计账簿，编制虚假财务会计报告的行为，尚不构成犯罪的，由县级以上人民政府财政部门予以通报。（　　）

2. 伪造、变造会计凭证、会计账簿，编制虚假的财务会计报告的行为，属于违法会计行为，将承担相应的法律责任。（　　）

3. 单位负责人授意、指使会计人员伪造、变造会计凭证、会计账簿，提供虚假财务会计报告的，会计人员不应承担法律责任。（　　）

4. 未按规定任用会计人员的，由县级以上人民政府财政部门依情节和危害情况，对单位处以 3 000 元以上 50 000 元以下的罚款，对单位负责人给予行政处分即可。（　　）

5. 单位出具的财务报告个别地方与审计报告不一致，对单位处以 5 000 元以上 50 000 元以下的罚款。（　　）

6. 单位存在违反会计制度的行为，有关部门应根据性质、情节轻重，对单位处以 2 000

元以上 20 000 元以下的罚款。（　）

7. 对会计违法行为的行政处分包括警告、记过、记大过、降级、降职、撤职、留用察看、开除等。（　）

8. 伪造、变造会计凭证、会计账簿或者编制虚假财务会计报告，情节较轻，社会危害不大，尚不构成犯罪的，应当依法予以降级的行政处分。（　）

四、案例分析题

1. 某国有企业有关事项如下：

（1）该企业单独设置了内审部门，但内审人员张某没有取得会计从业资格。

（2）会计王某负责收入账目的登记工作，同时负责会计档案保管工作。

（3）该企业业务收支活动以美元为主，采用美元作为记账本位币，财务会计报告也以美元列示。

（4）该企业的会计机构负责人黄某为单位负责人的舅舅。

（5）该企业规定，各部门定期对财产物资进行清查，对于账实不符的情况，由会计机构负责人赵某负责处理。

要求：根据上述资料，回答下列问题。

（1）针对事项（1），下列说法正确的是（　）。

A. 内部审计岗位不属于会计岗位，张某不需要取得会计从业资格证书

B. 内部审计岗位属于会计岗位，张某不需要取得注册会计师证书

C. 内部审计岗位不属于会计岗位，张某需要取得注册会计师证书

D. 内部审计岗位属于会计岗位，张某需要取得注册会计师证书

（2）针对事项（2），下列说法不正确的有（　）。

A. 王某不可以同时负责收入账目的登记工作和会计档案保管工作

B. 王某同时负责收入账目的登记工作和会计档案保管工作，不能达到内部牵制制度的要求

C. 王某可以同时负责收入账目的登记工作和会计档案保管工作

D. 王某同时负责收入账目的登记工作和会计档案保管工作，不符合设置会计工作岗位的基本原则

（3）针对事项（3），下列说法正确的有（　）。

A. 该企业编制的财务会计报告应当折算为人民币

B. 该企业可以采用美元作为记账本位币

C. 该企业编制的财务会计报告可以以美元列示

D. 该企业不可以采用美元作为记账本位币

（4）针对事项（4），下列说法正确的有（　）。

A. 该企业的做法符合规定

B. 该企业的做法不符合规定

C. 由于属于直系亲属关系，黄某不能担任会计机构负责人

D. 由于不属于直系亲属关系，黄某可以担任会计机构负责人

（5）针对事项（5），下列说法正确的有（　）。

A. 对于账实不符的情况，按照国家统一的会计制度的规定，有权自行处理的应当及时处理，无权处理的，应当立即向单位负责人报告，请求查明原因，作出处理

B. 对于账实不符的情况，赵某无权处理所有事项

C. 对于账实不符的情况，应报单位负责人作出批准意见后再处理

D. 对于账实不符的情况，赵某有权处理所有事项

2. 某国有独资公司，生产经营规模不大，当地财政部门在对该公司进行执法检查的过程中发现下列问题：

（1）该公司未设置总会计师，但设置了专门的会计机构。

（2）该公司会计机构负责人刘某是该公司法定代表人王某的配偶。

（3）该公司出纳黄某是单位办公室主任的女儿，黄某刚刚文秘专业本科毕业，专业技能过硬。黄某同时兼管稽核、会计档案保管和固定资产账簿的登记工作。

（4）该公司会计赵某于6月离职，办理工作交接时未发现任何异常，9月，接替人员张某发现其中有部分会计资料不真实，张某和赵某互相推卸责任，此事目前仍未解决。

要求：根据上述资料，回答下列问题。

（1）针对事项（1），下列说法正确的有（　　）。

A. 该国有独资公司应当设置总会计师

B. 该国有独资公司可以不设置总会计师

C. 如果设置总会计师，该公司不得再设置与总会计师职责重叠的副职

D. 如果设置总会计师，则总会计师应当成为领导成员

（2）针对事项（2），下列说法不正确的有（　　）。

A. 该公司由于生产经营规模不大，可以不实行会计人员回避制度

B. 刘某担任会计机构负责人不符合会计人员回避制度

C. 刘某不得在该公司会计机构中担任负责人

D. 刘某可以在该公司会计机构中担任负责人

（3）针对事项（3），下列说法正确的有（　　）。

A. 根据内部牵制制度，出纳人员不得兼管稽核、会计档案保管的工作

B. 从事出纳工作必须具备会计专业技术能力，该公司任用黄某担任出纳不符合规定

C. 根据回避制度，办公室主任的女儿不得从事出纳工作

D. 出纳人员可以兼管固定资产账目的登记工作

（4）针对事项（4），会计赵某办理离职交接时，应由（　　）负责监交。

A. 单位负责人　　B. 会计机构负责人

C. 人事部门主管人员　　D. 其他岗位会计人员

（5）针对事项（4），对交接时未发现的不真实会计资料，应当由（　　）承担相应的责任。

A. 法定代表人王某　　B. 会计机构负责人刘某

C. 接替人员张某　　D. 移交人员赵某

3. 某公司是一家外商独资企业，2017年度发生了以下事项：

（1）该公司平时采用美元记账，期末使用人民币编制财务会计报表。

（2）由于公司董事长兼总经理迈克居住在英国，为提高信息披露效率，经公司董事会研究决定，公司对外报送的财务会计报告由财务经理张某签字并盖章后报出，不再由董事长迈克签章。

（3）公司从外地购买了一批原材料，收到发票后，公司经办人员李某发现发票上记载的日期有误，于是对发票的日期进行了更改，并在更改处加盖了自己的印章，作为报销凭证。

要求：根据上述资料，回答下列问题。

（1）在中国境内的外商投资企业，会计记录使用的文字符合规定的是（　　）。

A. 只能使用中文，不能使用其他文字

B. 使用中文，同时可以选择一种外文

C. 在中文和外文中选择一种

D. 只能使用外文

（2）该企业期末编制财务会计报表应当使用（　　）。

A. 人民币　　B. 英镑　　C. 美元　　D. 欧元

（3）公司对外报送的财务会计报告，应当签章的主体有（　　）。

A. 总会计师　　B. 会计机构负责人

C. 主管会计工作的负责人　　D. 单位负责人

（4）单位负责人、主管会计工作的负责人、会计机构负责人（会计主管人员）在财务会计报告上签章的下列做法中，符合规定的是（　　）。

A. 签名　　B. 签章　　C. 签名并盖章　　D. 签名或盖章

（5）针对公司经办人员李某更改日期的做法，下列表述正确的是（　　）。

A. 不符合规定，原始凭证有错误的，应当由出具单位重开或更正，更正处应当加盖出具单位印章

B. 符合规定，原始凭证有错误的，应当由接收单位重开或更正，更正处应当加盖接收单位印章

C. 不符合规定，应当由出具单位重开，不得在原始凭证上更正

D. 不符合规定，应当由接收单位重开，不得在原始凭证上更正

4. 省级财政部门在对某企业的检查中发现下列情况：

（1）该企业设有两套账簿，一套用于对外报送财务数据，另一套用于内部核算。

（2）该企业上一年度亏损较大，为达到预期业绩目标，单位负责人张某授意会计李某伪造会计凭证，虚增利润100万元。

（3）单位负责人张某指使会计王某变更无形资产摊销政策以虚增利润，王某坚持原则，予以抵制，后被张某解聘。

（4）为掩盖违法行为，单位负责人张某指使会计机构负责人刘某将以前年度伪造的有关会计资料予以销毁，情节严重，影响恶劣。

（5）该企业以解约为要挟，要求ABC会计师事务所对其财务会计报告出具无保留意见审计报告。

要求：根据上述资料，回答下列问题。

（1）针对事项（1），下列说法正确的有（　　）。

A. 没有违反《会计法》的规定

B. 属于私设账簿的行为，违反《会计法》的规定

C. 可对该企业处以 3 000 元以上 50 000 元以下罚款

D. 可对直接负责的主管人员和其他直接责任人处以 2 000 元以上 20 000 元以下罚款

（2）针对事项（2），下列说法正确的有（　　）。

A. 可对张某处以 5 000 元以上 50 000 元以下罚款

B. 可对李某处以 3 000 元以上 50 000 元以下罚款

C. 省级财政部门可吊销李某的会计从业资格证书

D. 可对该企业处以 5 000 元以上 100 000 元以下罚款

（3）针对事项（3），下列说法正确的有（　　）。

A. 可对张某处以 3 000 元以上 50 000 元以下罚款

B. 可对张某处以 5 000 元以上 50 000 元以下罚款

C. 可对张某处以 3 年以下有期徒刑或拘役

D. 对王某应恢复其名誉和原有职务、级别

（4）针对事项（4），下列说法正确的有（　　）。

A. 可对张某处以 5 000 元以上 50 000 元以下罚款

B. 应对张某追究刑事责任

C. 刘某是受张某指使进行销毁的，不应承担法律责任

D. 可对该企业处以 5 000 元以上 100 000 以下罚款

（5）针对事项（5），下列说法正确的有（　　）。

A. 该企业的做法不符合规定，任何单位或者个人不得以任何方式要求或者示意注册会计师及其所在的会计师事务所出具不实或者不当的审计报告

B. ABC 会计师事务所是在甲公司的施压下出具的审计意见，不是其本意表达，不承担法律责任

C. ABC 会计师事务所的做法不符合规定，应当承担法律责任

D. 省级财政部门可以对 ABC 会计师事务所的上述行为实施行政处罚

5. 财政部门对甲公司 2017 年度财务工作进行检查，但甲公司领导以财务部门负责人出差为由予以拒绝，后经多方协商，财政部门对该公司进行了检查，核查时发现以下问题：

（1）2 月 5 日，甲公司从外地购买了一批货物，收到发票后，经办人员王某发现发票金额与实际支付金额不相符，便将发票返还给开票单位，要求对方重开。

（2）3 月 20 日，甲公司从事收入、支出、费用账目登记工作的吴某休产假，公司决定由出纳李某临时顶替一下其工作，并按规定办理了交接手续。

（3）甲公司未将出售废料的收入纳入企业统一的会计核算，而另设账簿进行核算，以解决行政管理部门的福利问题。

（4）甲公司以虚假的经济事项编造了会计凭证和会计账簿，并据此编制了财务会计报告。

要求：根据上述资料，回答下列问题。

（1）关于该公司领导拒绝财政部门检查的做法，下列观点正确的是（　　）。

A. 该公司领导拒绝的做法是错误的，不得拒绝财政部门的检查

B. 财政部门无权对该公司的财务状况进行检查

C. 财政部门应与审计、税务部门联合进行检查

D. 由于财务部门负责人不在场，因此该公司可以拒绝接受检查

（2）关于该公司王某的做法，下列观点不符合法律规定的是（　　）。

A. 由于是发票金额的错误，因此可以在发票上直接更正后入账

B. 王某的做法是可以的，也可以在发票上更正后再由开票单位在更正处盖章

C. 王某的做法符合法律规定，且只有这一种处理方式

D. 该发票不能做任何涂改或更正，入账应以实际结算金额为准，不需要重新开具

（3）关于出纳李某接替吴某工作的情况，下列观点正确的是（　　）。

A. 由于已经按照规定办理了交接手续，因此该顶替工作是合法的

B. 一般会计人员办理交接手续，应由单位的会计机构负责人或会计主管人员负责监交

C. 会计机构负责人或会计主管人员办理交接手续，应该自行监交

D. 出纳李某不能顶替吴某的收入登记工作，但可以顶替其支出和费用的登记工作

（4）关于甲公司出售废料收入的财务处理方法，下列说法错误的是（　　）。

A. 甲公司的做法违反了会计法律制度的规定

B. 甲公司的行为属于私设会计账簿进行会计核算的行为

C. 对该行为，应由省级以上财政部门责令其限期改正

D. 对甲公司的该项行为应处以 3 000 元以上 50 000 元以下罚款

（5）对甲公司以虚假的经济事项变造了会计凭证和会计账簿，并据此编制了财务会计报告的行为应认定为（　　）。

A. 伪造会计凭证的行为

B. 变造会计凭证和会计账簿的行为

C. 伪造会计账簿的行为

D. 提供虚假财务会计报告的行为

第二章　结算法律制度

第一节　现 金 结 算

一、单项选择题

1. 根据《现金管理暂行条例》的规定，边远地区和交通不发达地区开户单位的库存现金限额，可以适当放宽，但该核定的最高标准是（　　）。

A. 不超过30天的日常零星开支　　B. 不超过10天的日常零星开支

C. 不超过20天的日常零星开支　　D. 不超过15天的日常零星开支

2. 根据《现金管理暂行条例》的规定，单位不能使用现金支付的款项是（　　）。

A. 结算起点以上的支出　　B. 职工工资及津贴

C. 出差人员必须随身携带的差旅费　　D. 个人劳务报酬

3. 对现金的使用，符合现金收支基本要求的是（　　）。

A. 开户单位现金收入应当于当日送存开户银行，当日送存银行有困难的，由单位负责人重新确定送存时间

B. 开户单位支付现金，可以自行直接从本单位库存现金或现金收入中支付

C. 不准将单位收入的现金以个人储蓄方式存入银行

D. 如遇特殊需要，可以保留账外公款

4. 单位应当按照规定的程序办理货币资金支付业务，具体程序中不包括（　　）。

A. 支付预算　　B. 支付申请　　C. 支付审核　　D. 支付复核

5. 企业支付超过现金限额以外的款项时，以下支付方式不正确的是（　　）。

A. 以支票支付　　B. 以银行本票支付

C. 从收取的现金中支付　　D. 经开户银行审核后从现金中支付

6. 关于现金收支的基本要求，下列表述不正确的是（　　）。

A. 开户单位收入现金，一般应于当日送存开户银行

B. 开户单位支付现金，可以从本单位的现金收入中直接支付

C. 开户单位对于符合现金使用范围规定，从开户银行提取现金的，应写明用途，由本单位财务部门负责人签字盖章，并经开户银行审查批准

D. 不准单位之间相互借用现金

7. 负责对开户单位收支、使用现金进行监督管理的机构是（　　）。

A. 中国人民银行　　B. 中国建设银行　　C. 开户银行　　D. 国务院

8. 下列关于现金结算范围的表述，正确的是（　　）。

A. 开户单位确需全额支付现金的，经中国人民银行审核后，予以支付现金

B. 开户单位确需全额支付现金的，经中国银行审核后，予以支付现金

C. 开户单位确需全额支付现金的，经开户银行审核后，予以支付现金

D. 开户单位确需全额支付现金的，经中国人民银行确定，报国务院备案

9. 某单位每天日常零星开支的现金支付额为 5 000 元，则该单位库存现金的最高限额应为（　　）元。

A. 5 000　　B. 15 000　　C. 25 000　　D. 75 000

二、多项选择题

1. 根据规定，开户单位可以使用现金的业务有（　　）。

A. 职工工资、津贴

B. 个人劳务报酬

C. 向个人收购农副产品和其他物资的价款

D. 采购工业用主要原材料

2. 下列说法正确的有（　　）。

A. 单位应按规定收支和使用现金

B. 开户银行有权对其开户单位的现金收支进行监督

C. 国家鼓励开户单位在经济活动中采用转账结算方式，减少使用现金

D. 开户单位之间所有的经济往来，都必须通过开户银行进行转账结算

3. 下列事项中，不能以现金支付的有（　　）。

A. 出差借款，超出现金使用规定的

B. 支付个人劳务报酬，超出现金使用规定的

C. 支付向个人收购农副产品的货款 2 万元

D. 向个人支付奖金，超出现金使用规定的

4. 关于企业使用现金进行结算的行为，正确的有（　　）。

A. 用现金支付职工工资 2 350 元

B. 用现金向农户支付收购种子款 5 000 元

C. 用现金支付出差人员差旅费 5 000 元

D. 用现金支付购买办公用品价款 820 元

5. 单位和个人在社会经济活动中进行货币给付及资金清算行为使用的支付结算方式有（　　）。

A. 现金支付　　B. 票据支付　　C. 信用卡支付　　D. 汇兑

6. 关于现金管理制度，以下说法正确的是（　　）。

A. 库存现金的限额是为了保证企业日常零星开支的需要，允许单位留存现金的平均余额

B. 库存现金限额由开户银行根据单位的实际需要核定

C. 边远地区和交通不便地区的开户单位的库存现金限额，可以为多于 5 天但不超过 15 天的日常零星开支

D. 开户单位现金收入应当于当日送存开户银行，当日送存确有困难的，由开户单位和开户银行协商确定送存时间

7. 根据《现金管理暂行条例》的规定，下列关于现金关系的表述正确的有（　　）。

A. 开户银行对开户单位收支使用现金进行监督管理

B. 单位向个人支付现金不能超过规定的现金限额

C. 单位可用现金购买办公用品

D. 单位可用现金向个人收购农副产品和其他物资

8. 按照现金管理要求，以下说法中正确的有（　　）。

A. 支付职工出差借款 3 000 元，超出现金使用限额规定

B. 对现金结算，不可给予比转账结算优惠的待遇

C. 购买当地农民的农副产品 25 000 元，可以支付现金

D. 销售给当地个人的销货款 26 000 元，不应收取现金

9. 单位开户银行可以使用现金的事项有（　　）。

A. 发给公司员工甲某的 800 元奖金

B. 支付给公司临时工王某的 2 000 元劳务报酬

C. 向农民收购农产品的 10 000 元收购款

D. 出差人员出差必须随身携带的 2 000 元差旅费

10. 下列各项中，单位可用现金进行结算的有（　　）。

A. 支付职工工资、津贴 1 000 元　　B. 支付个人劳务报酬 600 元

C. 向个人发放防暑降温补贴 200 元　　D. 支付出差人员差旅费 3 000 元

三、判断题

1. 单位对于重要货币资金支付业务，应当实行集体决策和审批，并建立责任追究制度，防止贪污、侵占、挪用货币资金等行为发生。（　　）

2. 开户单位的现金应当于当日送存银行，任何单位在任何情况下都不得“坐支”现金。（　　）

3. 经办人必须按照审批人的意见办理货币资金业务。（　　）

4. 开户单位之间的经济往来均可通过支付现金的方式进行结算。（　　）

5. 单位向个人支付款项时，均可使用现金支付。（　　）

6. 单位可使用现金向个人收购农副产品和其他物资，如超过使用现金限额，超过的部分应当以支票或者银行本票支付。（　　）

7. 单位收到现金收入，只能于收到现金的当日送存开户银行。（　　）

8. 开户单位支付给个人的任何现金结算款项，都不得超过现金结算起点 1 000 元。（　　）

9. 对没有在银行单独开立账户的附属单位不需要核定现金使用的限额。（　　）

10. 出差人员预借差旅费 1 000 元以上的，可以预付 1 000 元现金，超过部分应携带现金支票。（　　）

第二节　支付结算概述

一、单项选择题

1. 票据出票日期为 3 月 20 日，正确的填写方法应为（　　）。

A. 零叁月贰拾日　　B. 零三月二十日

C. 叁月零贰拾日　　D. 叁月贰拾日

2. 关于￥1 025.00 中文大写的写法，正确的是（　　）。

A. 人民币壹仟零贰拾伍元整　　B. 人民币壹仟零贰拾伍元

C. 人民币一千零二十五元整　　D. 人民币一千零二十五元

3. 对于票据出票日期使用小写填写的，下列表述正确的是（　　）。

A. 银行不予受理

B. 银行受理，但由此造成损失的，由出票人自行承担

C. 银行受理，但由此造成损失的，由出票人和银行共同承担

D. 银行受理，但由此造成损失的，由银行自行承担

4. 根据《支付结算办法》的规定，下列关于支付结算的说法，正确的是（　　）。

A. 中国人民银行未对票据和结算凭证的填写作出基本规定

B. 未使用按中国人民银行统一规定印制的票据是无效票据

C. 支付结算不是一种要式行为

D. 在票据有效期内，银行收到结算凭证必须予以受理

5. 原票据记载事项可以更改的是（　　）。

A. 收款人　　B. 金额　　C. 出票日期　　D. 付款人名称

6. 下列选项属于支付结算实行的管理体制的是（　　）。

A. 行业管理　　B. 统一管理与分级管理相结合

C. 分级管理　　D. 统一管理

7. 在票据上记载的票据金额应以中文大写和小写数码同时记载，二者不一致时，则该票据（　　）。

A. 以中文大写为准

B. 以小写数码为准

C. 无效

D. 以中文大写和小写数码中较小的一个为准

8. 单位、个人和银行办理支付结算必须使用（　　）。

A. 各开户银行印制的票据和结算凭证

B. 按财政部门统一规定印制的票据和结算凭证

C. 按中国人民银行统一规定印制的票据和结算凭证

D. 按国务院税务部门统一规定印制的票据和结算凭证

9. 关于在中国境内填写票据和结算凭证的表述，不正确的有（　　）。

A. 票据和结算凭证中文大写金额数字应用正楷或行书填写，用繁体字时也应受理

B. 阿拉伯小写金额数字前面，均应填写人民币符号

C. 票据的出票日期必须使用中文大写，使用阿拉伯小写的银行不予受理

D. 少数民族地区和外国驻华使领馆根据实际需要，金额大写可以同时使用少数民族文字或外国文字

10. 根据《支付结算办法》的规定，下列关于支付结算的表述，正确的是（　　）。

A. 银行在办理支付结算时必须遵循支付结算的基本原则

B. 银行有权支配存款人在银行账户里的资金

C. 支付结算可以通过任何金融机构进行

D. 银行可以在适当范围内为存款人垫付资金

11. 对票据和结算凭证上的（　　），原记载人可以更改，更改时，应当由原记载人在更改处签章证明。

A. 余额　　B. 出票或签发日期

C. 其他记载事项　　D. 收款人名称

12. 下列关于办理支付结算要求的表述中，银行不予受理的情形是（　　）。

A. 签章为签名的结算凭证

B. 票据的中文大写金额数字书写中使用繁体字

C. 票据的大写日期未按要求规范填写

D. 结算凭证上中文大写金额和阿拉伯小写金额不一致

二、多项选择题

1. 符合《支付结算办法》规定的有（　　）。

A. 用阿拉伯数字填写票据出票日期

B. 中文大写金额数字的“角”之后不写“整”（或“正”）字

C. 用繁体字书写中文大写金额

D. 阿拉伯小写金额前面应当填写人民币符号

2. 除国家法律、行政法规另有规定外，银行不得受理的业务包括（　　）。

A. 为单位或个人冻结款项　　B. 为单位或个人查询账户情况

C. 为单位或个人扣划款项　　D. 停止单位或个人存款的正常支付

3. 根据《支付结算办法》的规定，签发票据和结算凭证时不得更改的项目有（　　）。

A. 出票和签发日期　　B. 收款人名称

C. 金额　　D. 用途

4. 使用中文大写填写票据出票日期时应在其前面加“零”字的月份有（　　）。

A. 壹月　　B. 贰月　　C. 壹拾月　　D. 叁月

5. 下列关于办理支付结算的表述，符合法律规定的有（　　）。

A. 填写票据和结算凭证应当规范

B. 未使用按中国人民银行统一规定印制的票据，票据无效

C. 票据和结算凭证上的签章和其他记载的事项应当真实

D. 单位和银行签发票据时，名称应当记载全称，名称使用简称的银行不予受理

6. （　　）是支付结算和资金清算的中介机构。

A. 城市信用合作社　　B. 商业银行

C. 农村信用合作社　　D. 经批准经营支付结算业务的政策性银行

7. 支付结算时应遵循的原则有（　　）。

A. 谁的钱进谁的账　　B. 恪守履约付款

C. 谁的钱由谁支配　　D. 银行不垫款

8. 填写票据和结算凭证时，下列中文大写正确的有（　　）。

A. ¥1 409.50，写成人民币壹仟肆佰零玖元伍角

B. ¥8 007.14，写成人民币捌仟零柒元壹角肆分

C. ¥325.04，写成人民币叁佰贰拾伍元零肆分

D. ¥1 907.42，写成人民币壹仟玖佰柒拾元肆角贰分

9. 关于票据和结算凭证的填写，下列说法错误的是（　　）。

A. 票据和结算凭证的金额、出票或签发日期、付款人名称不得更改，更改的票据无效，更改的结算凭证银行不予受理

B. 对票据和结算凭证上的全部记载事项，原记载人可以更改，更改时应当由原记载人在更改处签章证明

C. 少数民族地区和外国驻华使领馆根据实际需要，金额大写可以使用少数民族文字或者外国文字记载

D. 票据和结算凭证金额以中文大写和阿拉伯数字同时记载的，以中文大写为准

10. 关于支付结算的特征，下列说法正确的有（　　）。

A. 支付结算必须通过商业银行批准的金融机构进行

B. 支付结算是一种要式行为

C. 支付结算的发生取决于委托人的意志

D. 支付结算实行统一管理和分级管理相结合的管理体制

11. 下列选项中，属于支付结算方式的有（　　）。

A. 信用卡支付　　B. 票据支付　　C. 托收承付　　D. 委托收款

三、判断题

1. 单位在结算凭证上的签章就是该单位的盖章。（　　）

2. 票据填错，可以采用划线更正法更正。（　　）

3. 填写票据时，中文大写金额数字只能用正楷填写。（　　）

4. 支付结算工作的任务包括根据经济往来组织支付结算，准确、及时、安全地办理支付结算，按照有关法律、行政法规和《支付结算办法》的规定管理支付结算，保障支付结算活动的正常进行等。（　　）

5. 为保障收款人的利益，当付款人所开立账户的资金不足以收付收款人所出示的票据或结算凭证时，银行应当为其垫付不足资金，并将所有有关情况及时通知付款人，待付款人开立账户资金补足后，予以扣除。（　　）

6. 更改的结算凭证，银行不予受理。（　　）

7. 填写票据时，阿拉伯小写金额数字前面均应填写人民币符号“¥”。（　　）

8. 对于出票日期大写不规范的票据，银行可以受理，但由此造成的损失，由出票人自行承当。（　　）

9. 未经中国人民银行批准的非银行金融机构和其他单位不得作为中介机构经营支付结算业务。（　　）

第三节　银行结算账户

一、单项选择题

1. 根据《人民币银行结算账户管理办法》的规定，存款人申请开立专用存款账户，下列各项说法正确的是（　　）。

A. 同一证明文件可以开立四个专用存款账户

B. 同一证明文件可以开立两个专用存款账户

C. 同一证明文件可以开立三个专用存款账户

D. 同一证明文件只能开立一个专用存款账户

2. 若银行明知王某所存现金属于公司，仍然允许其存入款项，根据《人民币银行结算账户管理办法》的规定，应对银行处以的罚款为（　　）。

A. 50 000 元以上 300 000 元以下　　B. 5 000 元以上 30 000 元以下

C. 10 000 元以上 30 000 元以下　　D. 1 000 元

3. 根据规定，存款人因主体资格中止后而撤销银行结算账户的顺序是（　　）。

A. 先撤销基本存款账户、一般存款账户、专用存款账户，将账户资金转入临时存款账户后，方可办理临时存款账户的撤销

B. 先撤销一般存款账户、专用存款账户、临时存款账户，将账户资金转入基本存款账户后，方可办理基本存款账户的撤销

C. 先撤销基本存款账户、一般存款账户、临时存款账户，将账户资金转入专用存款账户后，方可办理专用存款账户的撤销

D. 先撤销基本存款账户、专用存款账户、临时存款账户，将账户资金转入一般存款账户后，方可办理一般存款账户的撤销

4. 企业改变了名称，但是不改变开户银行及账号的，应于发生变更之日起（　　）个工作日内申请变更登记。

A. 5　　B. 10　　C. 15　　D. 30

5. （　　）可以办理转账、提取现金等结算业务，可以向本单位按账户管理规定保留的相应账户划拨工会经费、住房公积金及提租补贴。

A. 预算单位的零余额账户　　B. 财政部门的零余额账户

C. 国库单一账户　　D. 财政专户

6. 关于个人银行结算账户的说法，正确的是（　　）。

A. 个人银行结算账户仅用于办理个人转账收付和现金支取

B. 邮政储蓄机构办理银行卡业务开立的账户纳入单位银行结算账户管理

C. 储蓄账户可以办理现金存取业务，也可以办理转账结算

D. 自然人可根据需要申请开立个人银行结算账户，也可以在已开立的储蓄账户中选择并向开户银行申请确认为个人银行结算账户

7. 不得办理现金支取的账户是（　　）。

A. 基本存款账户　B. 一般存款账户　C. 临时存款账户　D. 个人结算账户

8. 银行结算账户的监督管理部门是（　）。

A. 国务院及地方各级人民政府　B. 各级财政部门

C. 开户银行　D. 中国人民银行

9. 根据《人民币银行结算账户管理办法》的规定，存款人在异地取得借款，可以在异地开立的账户是（　）。

A. 基本存款账户　B. 临时存款账户　C. 专用存款账户　D. 一般存款账户

10. 根据《人民币银行结算账户管理办法》的规定，存款人办理日常转账结算和现金收付及存款人的工资、奖金等现金的支取，只能通过（　）办理。

A. 基本存款账户　B. 一般存款账户　C. 专用存款账户　D. 临时存款账户

二、多项选择题

1. 银行存款账户按用途划分，可分为（　）。

A. 一般存款账户　B. 基本存款账户　C. 临时存缴账户　D. 专用存款账户

2. 可以转入个人结算账户的有（　）。

A. 债券、期货、信托等投资的本金和收益

B. 工资、奖金收入

C. 纳税退款

D. 农、副、矿产品销售收入

3. 根据《人民币银行结算账户管理办法》的规定，不可以支取现金的专用存款账户有（　）。

A. 基本建设资金账户　B. 政策性房地产开发资金账户

C. 证券交易结算资金专用存款账户　D. 信托基金专用存款账户

4. 根据《人民币银行结算账户管理办法》的规定，专用存款账户适用的项目包括（　）。

A. 财政预算外资金　B. 基本建设资金

C. 粮、棉、油收购资金　D. 收入汇缴资金

5. 根据《人民币银行结算账户管理办法》的规定，可以申请开立基本存款账户的有（　）。

A. 社会团体　B. 外国驻华机构　C. 居民委员会　D. 个体工商户

6. 根据《人民币银行结算账户管理办法》的规定，存款人申请开立个人银行结算账户的情况有（　）。

A. 个人证券交易结算资金

B. 住房基金

C. 使用支票、信用卡等信用支付工具的

D. 办理汇兑、定期借记、定期贷记、借记卡等结算业务的

7. 根据《人民币银行结算账户管理办法》的规定，存款人开立（　）由开户银行审核并发放开户许可证。

A. 基本存款账户　B. 一般存款账户

C. 个人银行结算账户　　　　　　　　D. 临时存款账户

8. 根据《人民币银行结算账户管理办法》的规定，银行违反规定为存款人多头开立银行结算账户，应给予的处罚有（　　）。

A. 对该银行直接负责的高级管理人员，其他直接负责的主管人员，直接负责人员按规定给予纪律处分

B. 构成犯罪的，移交司法机关依法追究刑事责任

C. 情节严重的，中国人民银行有权停止对其开立基本存款账户的核准，责令该银行停业整顿或吊销经营金融业务许可证

D. 给予警告，并处以 5 万元以上 30 万元以下的罚款

9. 可以开立临时存款账户的情形有（　　）。

A. 设立临时机构　　　　　　　　B. 异地临时经营活动

C. 注册验资　　　　　　　　D. 基本建设资金的管理与使用

10. 下列关于银行账户的表述，正确的是（　　）。

A. 一个单位只能在一家银行开立基本存款账户

B. 一个单位可以在多家银行开立基本存款账户

C. 现金缴存可以通过一般存款账户办理

D. 现金支付不能通过一般存款账户办理

三、判断题

1. 单位、个人在同一银行开立多个账户的，银行可以自由调剂各账户的资金，以满足票据或结算凭证的付款要求。（　　）

2. 银行对一年内未发生收付活动且未欠开户银行债务的单位银行结算账户，应通知单位自发出通知之日起 25 日内办理销户手续，逾期视同自愿销户，将该账户款项转作银行的营业外收入。（　　）

3. 根据《人民币银行结算账户管理办法》的规定，存款人是从事生产、经营的纳税人的，在申请开立基本账户时，应向银行出具在相关税务部门办理的税务登记证。（　　）

4. 根据《人民币银行结算账户管理办法》的规定，存款人开立一般存款账户，必须经过中国人民银行核准。（　　）

5. 5 月 20 日，A 公司成立，按规定在工商银行开立了基本存款账户（临时存款账户转为基本存款账户）并存入 70 万元，要求银行于开户当日以转账方式支付 B 公司 30 万元用于购置设备。（　　）

6. 物流公司可以经营委托收款业务。（　　）

7. 根据《人民币银行结算账户管理办法》的规定，存款人虽宣告破产，但尚未清偿其开户银行债务的，不得申请撤销该账户。（　　）

8. 在事实清楚的情况下，银行可以根据任何单位或个人的申请，对其所管理的单位或个人存款账户进行冻结、扣款和停止存款账户的正常支付。（　　）

9. 没有开立存款账户的个人向银行交付款项后也不得通过银行办理支付结算。（　　）

10. 一般存款账户用于办理存款人借款转存、借款归还和其他结算的资金收付。该账户可以办理现金支取，但不得办理现金缴存。（　　）

第四节　票据结算方式

一、单项选择题

1. 某出纳人员在签发支票的时候，将收款人和金额两项内容授权业务人员补记。授权补记的收款人和金额（　　）。

A. 属于绝对记载事项　　B. 应当同时授权补记

C. 属于相对记载事项　　D. 属于任意记载事项

2. 根据《支付结算办法》的规定，支票的提示付款期限为（　　）。

A. 自出票日起 10 日　　B. 自出票日起 30 日

C. 自出票日起 15 日　　D. 自出票日起 5 日

3. 支票中可以授权补记的内容是（　　）。

A. 出票日期　　B. 付款地　　C. 收款人名称　　D. 签章

4. 根据《支付结算办法》的规定，银行承兑汇票的承兑银行，应当按照（　　）向出票人收取手续费。

A. 票面金额的千分之五　　B. 票面金额的万分之五

C. 票面金额的万分之三　　D. 票面金额的千分之三

5. 不能行使票据追索权的是（　　）。

A. 收款人　　B. 保证人　　C. 承兑人　　D. 背书人

6. 根据《支付结算办法》的规定，出票人签发空头支票的，银行应予以退票，并处以（　　）。

A. 票面金额 5%但不低于 1 000 元的罚款

B. 票面金额 5%但不低于 2 000 元的罚款

C. 票面金额 2%但不低于 2 000 元的罚款

D. 票面金额 2%但不低于 1 000 元的罚款

7. 根据《支付结算办法》的规定，下列有关支票的表述，正确的是（　　）。

A. 现金支票可以用于支取现金，也可以用于转账

B. 用于支取现金的支票可以背书转让

C. 转账支票可以用于支取现金，也可以用于转账

D. 普通支票可以用于支取现金，也可以用于转账

8. 下列表述错误的是（　　）。

A. 票据的签发、取得和转让应当遵循诚实信用的原则

B. 票据债务人可以以自己与出票人或者与持票人的前手之间的抗辩事由对抗持票人

C. 票据的签发、取得和转让必须具有真实的交易关系和债权债务关系

D. 票据金额必须以中文大写和阿拉伯数字同时记载且二者必须一致

9. 根据《支付结算办法》的规定，商业汇票的提示付款期限是（　　）。

A. 自汇票到期日起 10 日　　B. 自汇票到期日起 3 日

C. 自汇票到期日起 15 日　　D. 自汇票到期日起 5 日

10. 某公司会计人员于 2017 年 5 月 15 日签发一张 1.5 万元的转账支票给甲公司，用于支付甲公司的货款，甲公司持该转账支票到银行转账时被拒绝受理，原来该公司银行账户的存款余额仅为 5 000 元。根据《支付结算办法》的规定，甲公司要求该公司支付赔偿金的数额为（　　）元。

A. 300　　B. 750　　C. 1 000　　D. 1 500

二、多项选择题

1. 不得背书转让的票据有（　　）。

A. 现金支票　　B. 填明“现金”字样的银行汇票

C. 未填明实际结算金额的银行汇票　　D. 未授权补记金额的支票

2. 银行不予受理的结算凭证有（　　）。

A. 金额被更改的结算凭证

B. 金额大写使用少数民族文字的结算凭证

C. 金额大写使用外国文字的结算凭证

D. 金额中文大写与阿拉伯数字不一致的结算凭证

3. 保证的绝对记载事项有（　　）。

A. 被保证人的名称、住所　　B. 保证文句

C. 保证日期　　D. 保证人签章

4. 不得背书转让的情形有（　　）。

A. 超过付款提示期限　　B. 被拒绝承兑

C. 被拒绝付款　　D. 票据记载“不得转让”

5. 《票据法》中所指的票据包括（　　）。

A. 汇票　　B. 发票　　C. 支票　　D. 本票

6. 根据《支付结算办法》的规定，属于支付结算范畴的有（　　）。

A. 票据　　B. 银行卡、托收承付

C. 汇兑、委托收款　　D. 现金

7. 属于即期汇票的是（　　）。

A. 本票　　B. 商业承兑汇票

C. 见票即付的汇票　　D. 支票

8. 能用于转账的支票有（　　）。

A. 转账支票　　B. 现金支票　　C. 普通支票　　D. 划线支票

9. 申请人在利用银行汇票与收款单位办理结算时，应将（　　）一并交给汇票上记明的收款人。

A. 银行汇票申请书　　B. 货物发票

C. 解讫通知　　D. 银行汇票

10. 票据基本当事人可分为（　　）。

A. 付款人　　B. 承兑人　　C. 出票人　　D. 收款人

三、判断题

1. 汇票持票人逾期提示承兑的，丧失对其前手的追索权。（　　）

2. 票据的签发、取得和转让必须具有真实的交易关系和债权债务关系，不能无偿取得。（ ）

3. 背书人背书时，必须在票据上签章，背书才能成立。（ ）

4. 根据《支付结算办法》的规定，用于支取现金的支票可以背书转让。（ ）

5. 填明“现金”字样的银行汇票不得背书转让。（ ）

6. 票据伪造人由于未以自己的名义在票据上签章，因此不必承担任何责任。（ ）

7. 票据行为包括出票、背书、付款和保证四种。（ ）

8. 普通支票可以用于支取现金，也可用于转账，在普通支票左上角画两条平行线，为划线支票，划线支票只能取现不能转账。（ ）

第五节 银 行 卡

一、单项选择题

1. 关于信用卡资金来源的表述，正确的有（ ）。

A. 公司可以将其销货收入的款项存入持有的信用卡

B. 公司持有的信用卡可以交存现金

C. 公司可以将资金从基本存款账户中转账存入持有的信用卡

D. 公司管理人员可以将个人的收入及公司的暂时款项存入其持有的信用卡

2. 关于信用卡的申领，以下说法错误的是（ ）。

A. 申领单位卡的单位必须在中国境内金融机构开立基本存款账户

B. 有完全民事行为能力的公民可以申领个人卡

C. 单位卡只限于申领一张

D. 申领人可采用保证、抵押或质押的方式向发卡银行提供担保

3. （ ）是指发卡银行给予持卡人一定的信用额度，持卡人可在信用额度内先消费后还款的信用卡。

A. 准贷记卡　　B. 贷记卡　　C. 借记卡　　D. 储值卡

4. 一张主卡可为直系亲属办理附属卡最多不超过（ ）张。

A. 1　　B. 2　　C. 3　　D. 4

5. 凡在中国境内金融机构开立（ ）的单位可申领单位卡。

A. 一般存款账户　　B. 临时存款账户　　C. 基本存款账户　　D. 专用存款账户

二、多项选择题

1. 根据《支付结算办法》的规定，属于贷记卡特点的有（ ）。

A. 规定期限内还款免息　　B. 可以透支消费

C. 在信用额度内先消费后还款　　D. 卡内存款不计付利息

2. 信用卡单位卡使用的范围有（ ）。

A. 转入销货款项　　B. 用于在特约商户购物

C. 用于支付货款　　D. 交存现金

3. 个人信用卡持卡人要向其账户续存资金的，只限于（　　）。

A. 劳务报酬收入的转账　　B. 工资性存款的转账

C. 经营性收入的转账　　D. 持有的现金

4. 根据《支付结算办法》的规定，持卡人在还清信用卡全部交易款项及透支本息后，可申领办理销户情形的有（　　）。

A. 信用卡账户两年含两年以上未发生交易的

B. 信用卡挂失满 45 天后，没有附属卡又不更换新卡的

C. 信用卡被列入支付名单，发卡银行已经收回银行卡 45 天的

D. 信用卡有效期满 45 天后，持卡人不更换新卡的

5. 属于信用卡功能的有（　　）。

A. 存取现金　　B. 转账结算　　C. 储蓄　　D. 消费信用

6. 关于信用卡的表述，正确的有（　　）。

A. 信用卡透支利率为日利率的 5%

B. 贷记卡的首月最低还款额不得低于其当月透支余额的 3%

C. 同一持卡人单笔透支发生额，个人卡不得超过 2 万元

D. 准贷记卡的透支期限最长为 60 天

7. 信用卡按使用对象分为（　　）。

A. 单位卡　　B. 金卡　　C. 个人卡　　D. 普通卡

8. 根据《支付结算办法》的规定，单位卡在使用时，正确的做法有（　　）。

A. 不得出租信用卡　　B. 不得转借信用卡

C. 不得透支　　D. 不得支取现金

9. 下列关于银行卡概念的表述，正确的有（　　）。

A. 银行卡具有消费信用的功能

B. 银行卡减少了现金和支票的流通

C. 银行卡是由商业银行发行的信用支付工具

D. 银行卡使银行业务突破了时间和空间的限制

三、判断题

1. 信用卡销户时，单位卡账户余额转入其专用存款账户，不得提取现金；个人卡账户可以转账结清，也可以提取现金。（　　）

2. 贷记卡透支按月计收单利，透支利率为日利率的万分之五。（　　）

3. 可以将销货收入的款项存入单位卡账户。（　　）

4. 信用卡具有转账结算、存取现金、消费信用等功能。（　　）

5. 根据《支付结算办法》的规定，信用卡销户时，单位卡账户余额可以提取现金。（　　）

6. 信用卡的持卡人可以在信用额度内先消费、后还款。（　　）

7. 贷记卡持卡人选择最低还款额待遇后，仍可享受免息还款期待遇。（　　）

8. 银行卡销户时，单位卡账户余额可转入其基本存款账户，也可以提取现金。（　　）

第六节　其他结算方式

一、单项选择题

1. 汇入行向某公司发出取款通知书后，款项无法交付，应在（　　）个月内办理退汇。

A. 1　　B. 2　　C. 3　　D. 6

2. 下列有关汇兑的表述，不正确的是（　　）。

A. 汇兑分为信汇和电汇两种

B. 汇兑每笔金额起点是 1 万元

C. 汇兑适用于单位和个人各种款项的结算

D. 汇兑是汇款人委托银行将其款项支付给收款人的结算方式

3. 下列关于汇兑结算方式的表述，正确的是（　　）。

A. 单位可使用汇兑结算方式，个人不能使用汇兑结算方式

B. 个人可使用汇兑结算方式，单位不能使用汇兑结算方式

C. 单位和个人均可使用汇兑结算方式

D. 单位可使用汇兑结算方式，个人只有在与单位发生经济业务往来时，才能使用汇兑结算方式

4. 在托收承付结算方式下，付款人开户银行对付款人逾期支付的货款，应当根据逾期付款金额和逾期天数，按每天（　　）计算逾期付款赔偿金。

A. 千分之五　　B. 万分之三　　C. 万分之五　　D. 千分之三

5. 一般企业托收承付金额起点为（　　）元。

A. 1 000　　B. 5 000　　C. 10 000　　D. 50 000

6. 国内信用证结算方式适用于国内企业之间（　　）。

A. 因商品交易产生的货款结算　　B. 因劳务供应产生的资金清算

C. 行政事业收费　　D. 证券交易清算

7. 下列支付结算的种类有金额限制的是（　　）。

A. 委托收款　　B. 支票　　C. 托收承付　　D. 汇兑

8. 下列关于汇兑特征的表述，不符合法律规定的是（　　）。

A. 单位和个人各种款项的结算，均可使用汇兑结算方式

B. 汇款回单作为该笔汇款已转入收款人账户的证明

C. 汇款人对汇出银行尚未汇出的款项可以申请撤销

D. 汇入银行对于收款人拒绝接受的汇款，应立即办理退汇

9. 在托收承付结算方式下，验单承付期为（　　）天。

A. 3　　B. 5　　C. 10　　D. 15

二、多项选择题

1. 汇款人签发汇兑凭证时，必须记载的事项有（　　）。

A. 无条件支付的委托
B. 收款人名称
C. 确定的金额
D. 委托日期

2. 根据汇兑的规定，汇入银行不可以办理退汇的是（　　）。
   A. 尚未汇出的汇款
   B. 收款人拒绝接受的汇款
   C. 经过 1 个月无法交付的汇款
   D. 汇款人与收款人未达成一致退汇意见的汇款
3. 下列事项造成汇兑凭证无效的有（　　）。
   A. 欠缺汇出地点、汇出行名称
   B. 欠缺收款人名称
   C. 欠缺汇入地点、汇入行名称
   D. 欠缺汇款人名称
4. 下列关于委托收款，说法正确的有（　　）。
   A. 委托收款款项的划回方式，分为邮寄和电报两种
   B. 单位和个人凭借已承兑的商业汇票、债券、存单等付款人债务证明办理款项的结算，可以使用委托收款
   C. 委托收款是指收款人委托银行向付款人收取款项的结算方式
   D. 在委托收款结算方式下，付款人不得拒绝付款
5. 根据《支付结算办法》的规定，不可以办理托收承付结算的款项是（　　）。
   A. 代销商品的款项
   B. 寄销商品的款项
   C. 赊销商品的款项
   D. 因商品交易产生的劳务供应的款项
6. 下列选项中，属于支付结算方式的有（　　）。
   A. 汇兑　　B. 托收承付　　C. 委托收款　　D. 银行汇票
7. 下列关于委托收款基本规定的表述，正确的有（　　）。
   A. 收款人收取各种结算款项，均可使用同城特约委托收款
   B. 以银行以外的单位为付款人的，委托收款凭证必须记载付款人开户银行名称
   C. 以银行为付款人的，银行应在收到委托收款凭证和债务证明当日将款项主动支付给收款人
   D. 委托收款主要适用于异地款项结算
8. 下列结算方式中，适用于异地结算的有（　　）。
   A. 银行汇票　　B. 汇兑　　C. 委托收款　　D. 托收承付
9. 汇兑的使用范围为（　　）。
   A. 单位　　B. 个人　　C. 同城　　D. 异地
10. 国内信用证办理的流程有（　　）。
   A. 付款　　B. 通知　　C. 议付　　D. 开证

三、判断题

1. 电汇是汇出行通过电报方式通知汇入行解付汇款的汇兑结算方式。（　　）

2. 采用托收承付结算方式，付款人开户银行对逾期未付的托收凭证，负责进行扣款的期限为 1 个月。（　　）

3. 按照委托收款的有关规定，付款人审查有关债务证明后，对收款人委托收取的款项

需要拒绝付款的，可办理拒绝付款。（ ）

4. 委托收款结算方式只在同城使用，异地不可使用。（ ）

5. 办理托收承付的收款单位和付款单位可以是国有单位或者私有单位。（ ）

6. 我国国内信用证可转账，也可支取现金。（ ）

7. 企业采用托收承付结算的款项，必须是商品交易，以及因商品交易而产生的劳务供应的款项。（ ）

8. 托收承付结算方式既适用于同城结算，也适用于异地结算。（ ）

9. 我国国内信用证为不可撤销但可转让的跟单信用证。（ ）

10. 我国国内信用证在开证时，需提交有关购销合同。（ ）

第七节 网上支付

一、单项选择题

1. 网上支付是（ ）的一种形式。

A. 现金支付　B. 转账结算　C. 票据支付　D. 电子支付

2. 个人网上银行具备人民币转账业务的功能，网银系统在转账功能上严格控制了单笔转账最大限额和当日转账最大限额，使客户的（ ）有一定的保障。

A. 资金流通　B. 合法行为　C. 非法行为　D. 资金安全

3. 网上银行系统提供个人客户对本人网上银行各种权限功能、客户信息的管理以及账户的挂失业务，这属于个人网上银行的（ ）功能。

A. 账户信息查询　B. 账户管理业务

C. 人民币转账业务　D. 外汇买卖业务

4. 第三方支付是在客户开户后，将（ ）和支付账户绑定。

A. 生日密码　B. 住址信息　C. 姓名、性别　D. 银行卡

5. 非金融机构提供支付服务，应当取得（ ），成为支付机构。

A. 营业执照　B. 支付业务许可证

C. 税务登记证　D. 组织代码登记证

6. 目前，我国网上支付的主要方式是网上银行和（ ）。

A. 线上银行　B. 地下钱庄　C. 第三方支付　D. 高利贷企业

7. 第三方支付交易在开户时，客户必须在支付机构平台上（ ），向支付机构平台提供银行卡、身份证等有关信息。

A. 开立账户　B. 有足额存款　C. 注册代码姓名　D. 先有交易记录

8. 开办网上银行业务，主要利用公共网络资源，可以大大降低银行的（ ），有效提高银行的盈利能力。

A. 职员数量　B. 场地面积　C. 税费支出　D. 经营成本

9. 第三方支付方式种类包括（ ）和线下支付。

A. 现金支付　B. 银行转账　C. 线上支付　D. 面对面支付

10. 第三方支付是指经过（　　）批准从事第三方支付业务的非银行支付机构，借助通信、计算机和信息安全技术，采用与各大银行签约的方式，在用户与银行支付结算系统间建立连接的电子支付模式（其中通过手机端进行的，称为移动支付）。

A. 银监会　　B. 证监会　　C. 中国银行　　D. 中国人民银行

二、多项选择题

1. 网上支付的主要方式是（　　）。

A. 网上银行　　B. 第三方支付　　C. 现金支付　　D. 票据交易

2. 网上银行的分类，按主要服务对象可以分为（　　）。

A. 企业网上银行　　B. 境外网上银行　　C. 个人网上银行　　D. 境内网上银行

3. 企业网上银行的功能主要有（　　）。

A. 账户信息查询　　B. 支付指令　　C. B2B 网上支付　　D. 批量支付

4. 网上银行交易时，银行采用（　　）方式验证用户的身份。

A. 密码　　B. 文件数字证书

C. 动态口令卡　　D. 动态手机验证码

E. 移动口令牌　　F. 移动数字证书

5. 支付机构可以组合选用下列三类要素，对客户使用支付账户付款进行身份验证（　　）。

A. 仅客户本人知悉的要素，如静态密码等

B. 仅客户本人持有并特有的，不可复制或者不可重复利用的要素，如经过安全认证的数字证书、电子签名，以及通过安全渠道生成和传输的一次性密码等

C. 客户本人持有的身份证件号码

D. 客户本人生理特征要素，如指纹等

6. 网上银行按经营模式分为（　　）。

A. 政策银行　　B. 复合业务银行

C. 单纯网上银行　　D. 分支型网上银行

7. 网上银行简称网银，是银行在互联网上设立虚拟银行柜台，使开户、查询、对账、转账、信贷、网上证券、投资理财等传统银行服务不再通过物理的银行分支机构来实现，而是借助于（　　）在互联网上实现。

A. 网络　　B. 市场　　C. 民间信贷　　D. 信息技术手段

8. 与传统的支付方式相比，网上支付具有（　　）的优势。

A. 方便　　B. 快捷　　C. 高效　　D. 经济

三、判断题

1. 开办网上银行业务，主要利用线下人脉资源，可以大大降低银行的经营成本，有效提高银行的盈利能力。（　　）

2. 个人网上银行主要服务于个人，个人可以通过个人网上银行实时查询、转账，进行网络支付和汇款。（　　）

3. B2B 网上支付是指企业之间进行的现金交易活动。（　　）

4. 客户开通网上银行有两种方式：一是客户前往银行柜台办理；二是客户先网上自助

申请，后到柜台签约。（　　）

四、案例分析题

1. 某公司于2017年3月2日办理了工商登记并领取了营业执照，会计张某于当月办理了税务登记并领取了税务登记证，随即向注册地银行开立了基本存款账户。5月4日，该公司出纳人员签发了一张支票，但未在支票上注明收款人姓名和金额。6月，公司聘用了一位退休会计担任出纳，其持有外省颁发的会计从业资格证书。11月，该公司将收到的一张现金支票背书转让给丙公司，该支票转让时未超过提示付款期，但付款银行却拒绝办理付款。

要求：根据上述资料，回答下列问题。

（1）公司开立基本存款账户时应提交的证件有（　　）。

A. 营业执照正本　　B. 发票领取簿

C. 组织机构统一代码认证书　　D. 税务登记证

（2）下列表述符合法律规定的有（　　）。

A. 退休会计的外省从业资格证书有效，但应办理调转手续

B. 该公司只能在一家银行开立一个基本存款账户

C. 该公司应将全部银行账号向税务机关报告

D. 该公司工资、奖金等现金的支取只能从基本账户中办理

（3）签发支票时可以由出票人授权补记的项目有（　　）。

A. 出票人　　B. 付款人　　C. 收款人名称　　D. 金额

（4）下列各项说法错误的是（　　）。

A. 丙公司认为背书转让的现金支票未超过提示付款期，银行不应该拒绝付款

B. 现金支票只能支取现金

C. 转账支票只能转账

D. 现金支票在特殊情况下也能转账

2. 王某对自己公司追加投资，随后王某根据业务需要，向公司作出变更开户银行的请求。

要求：根据上述资料，回答下列问题。

（1）对王某的追加投资进行验资，则该公司需新开立的账户是（　　）。

A. 基本存款账户　　B. 临时存款账户

C. 一般存款账户　　D. 专用存款账户

（2）开立新账户需出具基本存款账户的情形有（　　）。

A. 因经营需要在异地办理收入汇缴和业务支出的存款人，在异地开立专用存款账户

B. 异地建筑施工及安装

C. 异地借款的存款人，在异地开立一般存款账户

D. 注册验资

（3）下列单位账户，可以办理付款业务的有（　　）。

A. 从正式开立之日起3个工作日后的单位账户

B. 从正式开立之日起3个工作日之内的单位账户

C. 从正式开立之日起 3 个工作日之内，因借款转存开立的一般存款账户

D. 从正式开立之日起 3 个工作日之内，由注册验资的临时存款账户转成的基本存款账户

（4）银行接到该公司变更开户银行请求时，需在（　　）个工作日内报告给中国人民银行。

A. 3　　B. 1　　C. 2　　D. 5

（5）若该公司未在规定期限内通知银行变更信息，则要受到（　　）的处罚。

A. 1 000 元　　B. 5 000 元以上 30 000 元以下

C. 50 000 元以上 300 000 元以下　　D. 10 000 元以上 30 000 元以下

3. 方某和张某是两位从事会计工作不久的年轻人，对相关财经法规不熟悉。

（1）某年 10 月 10 日方某向张某签发了一张 16 000 元的转账支票及一张 1 200 元的现金支票，方某在签发支票时使用普通的蓝色水笔填写，并且没有签章。

（2）张某将 16 000 元的转账支票交给银行，银行不予转账，退还了该支票，并且提出要对方某处以罚款。

（3）张某将 1 200 元的现金支票背书转让给徐某，徐某是一位经验丰富的财务人员，拒绝接受张某转让的现金支票，认为其不合法。

（4）方某的开户银行是广州市某支行，账户余额只有 15 000 元。

要求：根据上述资料，回答下列问题。

（1）在方某对张某开具支票的行为中，支票基本的当事人中出票人、付款人和收款人分别是（　　）。

A. 广州市某支行、张某、方某　　B. 方某、广州市某支行、张某

C. 广州市某支行、方某、张某　　D. 张某、广州市某支行、方某

（2）方某在对张某签发支票时，存在的错误之处有（　　）。

A. 现金支票超出了最高限额　　B. 没有签章

C. 账户余额不足　　D. 用普通蓝色水笔填写

（3）银行有权要求出票人赔偿（　　）元的赔偿金。

A. 1 500　　B. 320　　C. 800　　D. 1 000

（4）支票按照支付票款方式的不同，分为（　　）类。

A. 4　　B. 3　　C. 5　　D. 2

（5）可以支取现金的支票有（　　）。

A. 普通支票　　B. 划线支票　　C. 转账支票　　D. 现金支票

4. 甲向乙签发了一张 10 万元的支票，出票日期为 2017 年 2 月 1 日，乙于 2 月 9 日背书转让给丙，并在支票的背面注明“不得转让”字样。

要求：根据上述资料，回答下列问题。

（1）关于支票出票日期填写的表述，正确的有（　　）。

A. 贰零壹柒年贰月壹日，银行照常受理

B. 二〇一七年二月一日，银行照常受理

C. 2017 年 2 月 1 日，银行照常受理

D. 贰零壹柒年零贰月零壹日，银行照常受理

（2）对支票操作错误的有（　　）。

A. 乙应当在支票的正面注明“不得转让”字样

B. 乙于2月9日背书转让给丙

C. 支票的收款人是“丙”

D. 支票的出票人是“甲”

（3）上述资料中有关支票操作和退票的说法，正确的有（　　）。

A. 丙应当在2月10日前向银行提示付款

B. 若丙向银行提示付款后被银行通知“空头支票退票”，丙有权向乙追索，但不得向甲追索

C. 若丙向银行提示付款后被银行通知“空头支票退票”，丙有权向银行索取支票金额2%的赔偿金

D. 若丙在2月13日向银行提示付款，银行不予付款

（4）对上述资料中有关“不得转让”的表述，正确的有（　　）。

A. “不得转让”字样只能记载在支票的正面

B. “不得转让”字样只能记载在支票的背面

C. “不得转让”字样可以记载在支票的正面，也可以记载在支票的背面，关键是看由谁记载的“不得转让”字样

D. 支票必须是可以转让的，不允许记载“不得转让”字样

（5）属于支票基本当事人的有（　　）。

A. 出票人　　B. 付款人　　C. 承兑人　　D. 收款人

第三章　税收法律制度

第一节　税 收 概 述

一、单项选择题

1. 下列各项表述正确的是（　　）。
   A. 税目是区分不同税种的主要标志
   B. 税率是衡量税负轻重的重要标志
   C. 纳税人就是履行纳税义务的法人和自然人
   D. 征税对象就是税收法律关系中征纳双方权利义务共同指向的客体
2. 按照从量计征形式计税的税种是（　　）。
   A. 房产税　　B. 营业税　　C. 增值税　　D. 耕地占用税
3. 按照功能作用分类，税法可以分为（　　）。
   A. 中央税法和地方税法　　B. 税收基本法和税收普通法
   C. 税收实体法和税收程序法　　D. 所得税法和流转税法
4. 下列选项属于流转税的税种是（　　）。
   A. 契税　　B. 个人所得税　　C. 购置税　　D. 消费税
5. 下列选项不属于工商税的税种是（　　）。
   A. 车船使用牌照税　　B. 关税
   C. 城市维护建设税　　D. 资源税
6. 下列选项属于财产税的是（　　）。
   A. 增值税　　B. 营业税　　C. 房产税　　D. 城市维护建设税
7. 下列选项不属于构成税法的最基本要素的是（　　）。
   A. 纳税义务人　　B. 征税人　　C. 征税对象　　D. 税率
8. 下列选项不属于税务登记种类的是（　　）。
   A. 开业登记　　B. 变更登记
   C. 核定应纳税额登记　　D. 外出经营报验登记
9. 下列关于从量税的表述，正确的是（　　）。
   A. 从量税是以课税对象的价格作为计税依据征收的一种税
   B. 从量税是以课税对象的实物量作为计税依据征收的一种税
   C. 从量税是以课税对象的价值量作为计税依据征收的一种税
   D. 从量税是对征税对象采用从价和从量相结合的计税方法征收的一种税
10. 下列选项不属于税收特征的是（　　）。
    A. 强制性　　B. 灵活性　　C. 固定性　　D. 无偿性

二、多项选择题

1. 下列选项属于中央税的有（　　）。

A. 消费税　　B. 关税

C. 城市维护建设税　　D. 增值税

2. 下列选项属于对流转额课税的有（　　）。

A. 增值税　　B. 关税　　C. 营业税　　D. 印花税

3. 现行所得税税种包括（　　）。

A. 个人所得税　　B. 外国企业所得税

C. 企业所得税　　D. 农业税

4. 税收的作用包括（　　）。

A. 税收是国家组织财政收入的主要形式

B. 税收是国家调控经济运行的重要手段

C. 税收具有维护国家政权的作用

D. 税收是国际经济交往中维护国家利益的可靠保证

5. 按征税对象分类，可将全部税收划分为流转税类和（　　）。

A. 所得税类　　B. 资源税类　　C. 财产税类　　D. 行为税类

6. 按照税收征收权限和收入支配权限分类，税收可分为（　　）。

A. 关税　　B. 中央税

C. 地方税　　D. 中央和地方共享税

7. 税法的构成要素包括（　　）。

A. 纳税环节　　B. 纳税地点　　C. 征收对象　　D. 税率

8. 下列选项属于地方税的税种有（　　）。

A. 增值税　　B. 房产税　　C. 车船税　　D. 土地增值税

9. 资源税的特点主要有（　　）。

A. 只对特定资源征税　　B. 具有级差收入税的特点

C. 实行从量定额征收　　D. 属于地方税

三、判断题

1. 按照计税标准不同进行的分类，税收可分为从价税、从量税和复合税。（　　）

2. 按照征收管理的分工体系分类，税收可分为工商税类、关税类。（　　）

3. 征税的主体是隶属国家的机构和团体，由这些机构和团体来实施征税。（　　）

4. 国家对在本国境内从事生产、经营的外国企业或个人不具有税收管辖权。（　　）

5. 流转税是以增值额为征税对象的税种。（　　）

6. 复合税主要是以从量税为主加征从价税的方法。（　　）

7. 税收是税法的表现形式，税法规定税收的具体内容。（　　）

8. 单一比例税率是指对同一征税对象的不同纳税人适用不同的比例征税。（　　）

9. 如果税法规定某一税种的起征点是 800 元，那么，超过起征点的，只对超过 800 元的部分征税。（　　）

10. 税收活动必须严格依照税法的规定进行，税法是税收的法律依据和法律保障。（　　）

第二节　主要税种

一、单项选择题

1. 某公司在日常的生产经营活动中发生了以下费用，在计算企业所得税应纳所得额时不允许扣除的项目是（　　）。

A. 企业的计税工资薪金支出 8 万元

B. 企业直接对贫困地区“希望工程”的 5 万元公益性捐款

C. 企业在规定比例之内发生的 1 万元业务招待费

D. 企业购买国债的利息收入 2 万元

2. 下列事项中不应免纳个人所得税的是（　　）。

A. 某体育明星在奥运会上获得一块金牌，回国后国家体育总局奖励 20 万元人民币

B. 某科学家获得国务院特殊津贴每月 200 元人民币

C. 某高校教师取得一项发明专利，学校奖励 5 万元人民币

D. 李某新买的宝马车在某风景区停靠时，被山上落下的石头砸坏，保险公司赔付李某的 6 万元保险金

3. 下列属于我国增值税纳税人的是（　　）。

A. 从事房屋租赁业务的甲公司　　B. 从事服装销售的乙公司

C. 转让土地使用权的丙公司　　D. 从事金融经纪业务的丁公司

4. 我国消费税对不同应税消费品采用了不同的税率形式。下列应税消费品中，适用复合计税方法计征消费税的是（　　）。

A. 粮食、白酒　　B. 酒精　　C. 成品油　　D. 摩托车

5. 根据企业所得税法律制度的规定，下列各项中，不属于企业所得税纳税人的是（　　）。

A. 股份有限公司　　B. 个体工商户　　C. 有限责任公司　　D. 外商独资企业

6. 某画家将其书画作品交由某出版社出版，从出版社取得报酬 8 万元。该笔报酬在缴纳个人所得税时适用的税目是（　　）。

A. 工资、薪金所得　　B. 劳务报酬所得

C. 稿酬所得　　D. 特许权使用费所得

7. 关于消费税纳税义务的发生时间，下列表述不正确的是（　　）。

A. 纳税人销售应税消费品采取预收货款结算方式的，为发出应税消费品的当天

B. 纳税人自产自用应税消费品的，为生产出应税消费品的当天

C. 纳税人委托加工应税消费品的，为纳税人提货的当天

D. 纳税人进口应税消费品的，为报关进口的当天

8. 企业发生的公益性捐赠支出，在年度利润总额（　　）以内的部分，准予在计算企业应纳税所得额时扣除。

A. 12%　　B. 5%　　C. 15%　　D. 20%

9. 增值税一般纳税人销售货物或者应税劳务，采用销售额和销项税额合并定价方法的，其计算销售额的公式是（　　）。

A. 销售额=含税销售额/(1+税率)　　B. 销售额=不含税销售额/(1+税率)

C. 销售额=含税销售额/(1-税率)　　D. 销售额=不含税销售额/(1-税率)

10. 某增值税一般纳税人2016年2月购进免税农产品一批，支付给农业生产者收购价格为2万元，该项业务准予抵扣的进项税额为（　　）元。

A. 2 000　　B. 0　　C. 2 600　　D. 3 400

二、多项选择题

1. 根据《个人所得税法实施条例》的规定，下列所得不论支付地点是否在中国境内，均为来源于中国境内的所得的有（　　）。

A. 因受雇、履约等而在中国境内提供劳务取得的所得

B. 转让中国境内的建筑物、土地使用权等财产或者在中国境内转让其他财产取得的所得

C. 许可各种特许权在中国境内使用而取得的所得

D. 将财产出租给承租人在中国境内使用而取得的所得

2. 下列收入免纳个人所得税的有（　　）。

A. 王某退休后所得工资收入

B. 张某进行法律咨询而获得的500元劳务报酬

C. 李某因将某名著翻译为少数民族文字而接受自治区政府发给的5万元奖金

D. 刘某购买国库券而获得的3 000元利息

3. 以下关于个人所得税的说法正确的有（　　）。

A. 工资、薪金所得，以每月收入减除费用1 500元后的金额为应纳税所得额

B. 个体工商户的生产、经营所得和对企事业单位的承包、承租经营所得均需要缴纳个人所得税

C. 个人独资企业和合伙企业投资者应依法缴纳个人所得税

D. 在两处以上取得工资、薪金所得，纳税人和扣缴义务人要办理纳税申报

4. 根据我国税法规定，单位或个体经营者的下列行为视同销售，征收增值税的有（　　）。

A. 将购买来的货物用于集体福利或个人消费

B. 将自产、委托加工或购买来的货物作为投资

C. 将货物交给他人代销或者销售代销货物

D. 设有两个以上机构并实行统一核算的纳税人，将货物异地移送销售

5. 下列各项中，以取得的收入为应纳税所得额直接计征个人所得税的有（　　）。

A. 稿酬所得　　B. 偶然所得

C. 股息所得　　D. 特许权使用费所得

6. 可以使用普通发票的单位有（　　）。

A. 增值税一般纳税人　　B. 营业税纳税人

C. 增值税小规模纳税人　　D. 个体企业

7. 增值税的类型包括（　　）。

A. 分配型增值税　　B. 生产型增值税　　C. 消费型增值税　　D. 收入型增值税

8. 免征增值税的项目有（　　）。

A. 农业生产者销售的自产农产品

B. 古旧图书

C. 直接用于科学研究、科学试验和教学的进口仪器、设备

D. 销售的自己使用过的物品

9. 我国制造业等行业增值税采用的是比例税率，其税率分为（　　）。

A. 基本税率 16%　　B. 低税率 11%　　C. 零税率　　D. 低税率 3%

10. 准予从销项税额中抵扣的进项税额有（　　）。

A. 从销售方取得的增值税专用发票上注明的增值税税额

B. 运输费用普通发票上注明的运输费用金额计算的进项税额

C. 从海关取得的海关进口增值税专用缴款书上注明的增值税税额

D. 销售发票上注明的农产品买价计算的进项税额

三、判断题

1. 个人携带或者邮寄进境的应税消费品的消费税，连同关税一并计征。（　　）

2. 企业纳税年度发生的亏损，准予向以后年度结转，用以后年度的所得弥补，但结转年限最长不得超过 5 年。（　　）

3. 纳税人委托其他纳税人代销货物的，其增值税纳税义务的发生时间为发出代销货物的当天。（　　）

4. 符合条件的小型微利企业，减按 20%的税率征收企业所得税。国家需要重点扶持的高新技术企业，减按 15%的税率征收企业所得税。（　　）

5. 小规模纳税人增值税征收率为 6%。（　　）

6. 消耗的汽油、柴油以吨数为计税依据。（　　）

7. 商业性企业及主营商业的企业，年应税销售额不低于 50 万元的，可以认定为一般纳税人。（　　）

8. 非企业性单位如符合一般纳税人条件，可认定为一般纳税人。（　　）

9. 因销货退回而退还给购买方的增值税税额，应从发生销货退回下期的销项税额中冲减。（　　）

10. 纳税人因进货退回而收回的增值税税额，不允许从当期发生的进项税额中冲减。（　　）

第三节　税收征收管理

一、单项选择题

1. 对生产不固定、账册不健全、财务管理和会计核算水平较低、产品零星、税源分散

的单位应当采用（　　）的税款征收方式。

A. 查账征收　　B. 查定征收　　C. 查验征收　　D. 定期定额征收

2. 王某在甲地临时从事收购废品的业务，税务机关对其采取的税款征收方式应当是（　　）。

A. 代扣代缴　　B. 查账征收　　C. 代收代缴　　D. 核定征收

3. 纳税人申报的依据明显偏低，又无正当理由的，税务机关可以（　　）。

A. 补缴和追征税款　　B. 采取税收保全措施

C. 核定应纳税额　　D. 加收滞纳金

4. 下列有关增值税专用发票方面的表述，不正确的是（　　）。

A. 增值税专用发票是指专门用于结算销售货物和提供加工、修理修配劳务使用的一种发票

B. 只有经国家税务机关认定为增值税一般纳税人的才能领购增值税专用发票，小规模纳税人和法定情形的一般纳税人不得领购使用

C. 增值税专用发票由省、自治区、直辖市税务机关指定的企业统一印刷

D. 增值税专用发票应当使用防伪税控系统开具

5. 根据《税收征收管理法》的规定，税务行政机关可以采取税收保全措施，税收保全措施适用于（　　）。

A. 从事生产、经营的纳税人　　B. 非从事生产、经营的纳税人

C. 扣缴义务人和纳税担保人　　D. 所有应履行纳税义务的纳税人

6. 下列各项中，税务机关不应当采取核定征收方式征税的有（　　）。

A. 依照法律、行政法规的规定应当设置账簿但未设置的

B. 发生纳税义务，未按照规定的期限办理纳税申报，经税务机关责令限期申报，逾期仍不申报的

C. 企业财务会计管理人员严重不足的

D. 虽设置账簿，但成本资料、收入凭证、费用凭证残缺不全，难以查账的

7. 税务机关对纳税人采取税收保全措施时，冻结的存款数额应当是（　　）。

A. 全部存款

B. 全部存款加上纳税人维持生活必需的住房和用品等价值的金额

C. 纳税人应纳税款数的两倍

D. 相当于纳税人应纳税款的数额

8. 下列各项中，不属于发票的是（　　）。

A. 订货单　　B. 火车票　　C. 邮票　　D. 电费收据

9. 一般情况下，上市公司适用的税款征收方式是（　　）。

A. 查定征收　　B. 查账征收　　C. 定期定额征收　　D. 查验征收

10. 我国税务机关根据纳税人的生产经营状况，对经营规模小、无建账能力的个体工商户可以采取（　　）方式征收税款。

A. 查定征收　　B. 查验征收　　C. 委托代征　　D. 定期定额征收

二、多项选择题

1. 某公司因业务需要，经营地点从北京迁至天津。该公司需要办理（　　）税务登记。

A. 开业登记　　B. 变更登记

C. 外出经营报验登记　　D. 注销登记

2. 根据《税收征收管理法》的规定，由税务机关处以不缴或少缴 50%以上 5 倍以下罚款的税务违法行为包括（　　）。

A. 偷税　　B. 不进行纳税申报

C. 抗税　　D. 欠税

3. 行业发票适用于（　　）。

A. 商品房销售发票　　B. 商业批发统一发票

C. 工业企业产品销售统一发票　　D. 广告费用结算发票

4. 下列事项中应进行税务登记的情形包括（　　）。

A. 有应税收入　　B. 有应税行为

C. 有应税财产　　D. 扣缴义务人发生扣缴义务

5. 下列事项中属于税收检查的有（　　）。

A. 加收滞纳金　　B. 核定应纳税额

C. 税收保全措施　　D. 税收强制执行措施

6. 纳税人的下列行为中，属于偷税行为的有（　　）。

A. 伪造、变造、隐匿、擅自销毁账簿、记账凭证

B. 多列支出或者不列、少列收入

C. 不按照规定办理纳税申报，经税务机关通知申报而拒不申报

D. 进行虚假的纳税申报

7. 纳税担保的范围包括（　　）。

A. 税款　　B. 滞纳金

C. 实现税款、滞纳金的费用　　D. 质押保管费用

8. 税务代理的特点是（　　）。

A. 自愿性　　B. 确定性　　C. 强制性　　D. 公正性

9. 下列选项属于专业发票的有（　　）。

A. 广告费用结算发票　　B. 保险企业的保险凭证

C. 轮船客票　　D. 电报收据

10. 下列选项属于普通发票的有（　　）。

A. 增值税专用发票　　B. 商业零售统一发票

C. 商品房销售发票　　D. 邮票

11. 纳税申报的形式主要有（　　）。

A. 直接申报　　B. 邮寄申报　　C. 简易申报　　D. 数据电文申报

12. 税务行政处罚的种类主要有（　　）。

A. 罚款　　B. 没收财产　　C. 行政处分　　D. 停止出口退税权

三、判断题

1. 税收优先于罚款、没收违法所得，并非指税收优于任何罚款和没收违法所得，它只优先于在欠缴税款的同时被处以的罚款和被没收的违法所得。（　　）

2. 只要纳税人纳税依据明显偏低，税务机关就有权核定其应纳税额。（ ）

3. 只有从事生产经营的纳税人才需要办理税务登记。（ ）

4. 纳税人应当于恢复生产经营前，向税务机关申报办理复业登记。（ ）

5. 增值税专用发票的式样由国家税务总局统一制定，其他单位和个人不得擅自变更。（ ）

6. 纳税人停业期限不得超过 1 年，超过 1 年的必须恢复经营。（ ）

7. 国务院财政部是发票的主管机关。（ ）

8. 发票限于领购单位和个人在本省、自治区、直辖市内开具。（ ）

9. 纳税人对强制执行有异议的，只能通过申请行政复议来解决，不可以提起诉讼。（ ）

10. 增值税一般纳税人在不能开具专用发票的情况下也可使用普通发票。（ ）

11. 纳税申报采用简易申报方式，纳税人必须按照税务机关核定的税款在纳税期 3 个月内申报纳税。（ ）

12. 纳税人享受减税、免税待遇的，在减税、免税期间内可以不办理纳税申报。（ ）

四、案例分析题

1. 某企业 2017 年度有关财务资料如下：

（1）全年销售收入 3 000 万元，营业外收入 520 万元。

（2）有关销售成本支出 1 800 万元，增值税 336 万元。

（3）管理费用 280 万元，财务费用 1 000 万元，销售费用 220 万元。

（4）营业外支出 80 万元。

已知：该企业上一年度弥补亏损 12 万元。企业适用所得税税率为 25%。

要求：根据上述资料，回答下列问题。

（1）属于不征税收入的是（ ）。

A. 国债利息收入　　B. 租金收入

C. 依法收取的政府性基金　　D. 特许权使用费收入

（2）下列选项中，在计算应纳税所得额时不得扣除的是（ ）。

A. 企业所得税　　B. 增值税

C. 非公益性捐赠　　D. 管理费用

（3）该企业当年应纳税所得额为（ ）万元。

A. 534　　B. 659　　C. 978　　D. 1 028

（4）该企业当年企业所得税应纳税额为（ ）万元。

A. 255　　B. 257　　C. 295　　D. 316

（5）根据《企业所得税法》的规定，属于企业所得税纳税人的有（ ）。

A. 外商投资企业　　B. 合伙企业

C. 私营企业　　D. 有经营所得的事业单位

2. 某企业为增值税一般纳税人，2018 年 5 月该企业发生以下经济业务：

（1）外购原材料一批，从供货方取得的增值税专用发票上注明支付的货款为 180 万元，增值税税额为 28. 8 万元，款项已付并验收入库，支付相关运费 10 万元已收到，增值税 1 万元，已收到货物运输增值税专用发票。

（2）外购机器设备一套，从供货方取得的增值税专用发票上注明支付的货款为 50 万元，增值税税额为 8 万元，款项已付并验收入库。

（3）购进一批办公用品，取得普通发票，注明金额 2 320 元，办公用品已投入使用。

（4）购进一批红酒用于给职工发放福利，取得了增值税专用发票，发票上注明支付的货款为 6 000 元，增值税税额为 960 元。

（5）月初将部分订单委托其他企业加工，发出的原材料价值 8 000 元，委托加工合同规定加工费 5 000 元（不含税），加工企业代垫辅助材料 1 000 元，月底尚未收到加工的产品和加工企业开具的发票。

（6）对外销售产品一批，取得销售收入 580 万元（含税）。

（7）将闲置的一套设备出租，取得租金收入 1 万元。

已知：有关票据在本月通过主管税务机关认证并申报抵扣，产品的消费税税率为 30%。

要求：根据上述资料，回答下列问题。

（1）下列关于该企业可抵扣进项税额的说法中正确的是（　　）。

A. 外购红酒可抵扣的进项税额为 960 元

B. 外购办公用品可抵扣的进项税额为 320 元

C. 外购机器设备可抵扣的进项税额为 0 元

D. 外购原材料及支付相关费用可抵扣的进项税额为 29. 8 万元

（2）该企业本月发生的委托加工业务可抵扣的进项税额为（　　）元。

A. 2 380　　B. 0　　C. 850　　D. 1 020

（3）该企业对外销售产品的增值税销项税额为（　　）万元。

A. 99. 45　　B. 85. 17　　C. 80　　D. 99. 65

（4）该企业出租闲置设备应缴纳（　　）。

A. 增值税 0. 17 万元　　B. 营业税 0. 05 万元

C. 增值税 0. 16 万元　　D. 增值税 0. 13 万元

（5）该企业本月应缴纳的消费税为（　　）万元。

A. 100. 2　　B. 175. 851　　C. 117. 234　　D. 180

3. 甲市某食品加工公司为增值税一般纳税人，主要经营食用油生产和粮食加工业务，兼营产品的批发零售业务，不承担粮食收储业务，不享受国家关于粮食的有关税收优惠政策。该公司 2014 年 1—2 月发生以下业务：

（1）1 月销售给消费者花生油 2 000 千克，每千克 20 元（不含税），已收到全部货款并开出普通发票，合计金额 20 000 元，其余因消费者未索取票据而未开发票。

（2）1 月向农业生产者收购免税花生一批，收购凭证上注明价款 15 000 元，花生已验收入库。

（3）1 月向邻省乙市某酒厂销售玉米 50 吨（食品加工公司未向甲市主管税务机关申请开具外出经营活动税收管理证明），玉米不含税销售价格为 2 000 元/吨。由于甲市没有火车站，食品加工公司将玉米运至丙市丁县火车站，并发往乙市。该食品加工公司本月已收到全部货物，并支付火车运费 6 000 元，增值税 660 元，已取得货物运输增值税专用发票。

（4）2 月购进磨粉机一台，取得增值税专用发票，注明价款 10 000 元、税额 1 700 元；支付相关运费 200 元，增值税 22 元，取得承运部门开具的货物运输增值税专用发票，磨粉机已安装并投入使用。

（5）2月该食品加工公司装修公司大门，其所属建筑公司（独立核算）负责该装修业务，收取装修费10 000元（包括材料费5 000元，人工费5 000元）。

（说明：有关票据在本月均通过主管税务机关认证并申报抵扣；1月初增值税留抵税额为0元。）

要求：根据上述资料，回答下列问题。

（1）关于上述第一笔业务发票开具的说法正确的是（　　）。

A. 该食品加工公司向消费者销售花生油不能开具发票

B. 该食品加工公司向消费者销售花生油只能开具普通发票

C. 该食品加工公司向消费者销售花生油只能开具增值税专用发票

D. 该食品加工公司向消费者销售花生油可以开具增值税专用发票，也可以开具普通发票

（2）上述第三笔业务中，该食品加工公司的申报纳税地点应为（　　）。

A. 乙市　　B. 甲市　　C. 丙市　　D. 丁县

（3）上述第三笔业务中，该食品加工公司支付运费可抵扣的进项税额为（　　）元。

A. 420　　B. 660　　C. 180　　D. 990

（4）下列各项说法正确的有（　　）。

A. 1月，该食品加工公司的进项税额为2 610元

B. 1月，该食品加工公司的进项税额为1 950元

C. 2月，该食品加工公司的进项税额为1 722元

D. 2月，该食品加工公司的进项税额为1 700元

4. 某企业根据《企业所得税法》的有关规定，可以享受自项目取得第一笔生产经营收入的纳税年度起，第1年至第2年免征企业所得税，第3年至第5年减半征收企业所得税的优惠政策。该企业2008年9月份开始生产经营，从2008年度至2012年度，每年应纳税所得额分别为5万元、20万元、80万元、100万元、120万元。2013年度该企业会计报表上的销售收入总额为1 000万元，利润总额为100万元，已累计预缴企业所得税15万元。2013年其他有关情况如下：

（1）购买国债的利息收入10万元，国债转让收益5万元，股票转让收益5万元，接受捐赠收入5万元。

（2）管理费用200万元，销售费用150万元。

（3）支付在建办公楼工程款40万元，已列入当期费用。

（4）支付诉讼费2万元，已列入当期费用。

（5）营业外支出100万元，其中包括违法经营罚款10万元。

要求：根据上述材料，回答下列问题。

（1）关于该企业应缴纳企业所得税的说法正确的有（　　）。

A. 该企业从2008年度开始生产经营，应当计算享受税收优惠的期限。该公司2008、2009年度可以享受免税优惠，不需要缴纳企业所得税

B. 该企业2008年度经营未满一年，减免征税优惠可以从2009年开始算起

C. 该企业2011—2012年需要缴纳企业所得税27.5万元［（100+120）×25%×50%］

D. 从2013年度开始，该企业不再享受税收减免优惠

（2）该企业2013年取得的营业外收入中属于免税收入的是（　　）。

A. 国债利息收入10万元　　B. 国债转让收益5万元

C. 股票转让收益5万元　　D. 接受捐赠收入5万元

（3）下列费用中，准予在计算应纳税所得额时扣除的是（　　）。

A. 管理费用200万元　　B. 支付在建办公楼工程款40万元

C. 支付诉讼费2万元　　D. 营业外支出100万元

（4）该企业2013年汇算清缴应补缴的企业所得税税额为（　　）万元。

A. 35　　B. 20　　C. 15　　D. 17.5

（5）该企业2008—2013年应缴纳的企业所得税税额合计为（　　）万元。

A. 62.5　　B. 72.5　　C. 73　　D. 63

5. 某商品流通企业属于增值税小规模纳税人，2014年5月有关购销业务如下：

（1）购进服装100套，进价150元/套，取得普通发票，价款已付；另支付货物运费200元，取得运输单位开具的货物运输普通发票。

（2）购入办公设备，取得普通发票，注明价款3 000元。

（3）销售服装100套，售价515元/套，开具普通发票，发票上注明价款51 500元，价款已全部收到。

（4）转让厂房，取得转让收入1 000 000元。

要求：根据上述资料，回答下列问题。

（1）下列关于增值税小规模纳税人的说法，正确的有（　　）。

A. 从事货物批发或零售的纳税人，年应税销售额在500万元以下的，属于小规模纳税人

B. 从事货物生产或提供应税劳务的纳税人，以及以从事货物生产或提供应税劳务为主，兼营货物批发或零售的纳税人，年应税销售额在500万元以下的，属于小规模纳税人

C. 年应税销售额超过小规模纳税人标准的个人、非企业性单位、不经常发生应税行为的企业，视同小规模纳税人纳税

D. 小规模纳税人应纳增值税与购进货物没有关系，购进货物的全部支出都将计入货物的成本

（2）小规模纳税人增值税的征收率为（　　）。

A. 3%　　B. 6%　　C. 7%　　D. 13%

（3）该企业销售服装应缴纳的增值税税额为（　　）元。

A. 1 545　　B. 1 500　　C. 8 500　　D. 3 500

（4）下列各项说法正确的是（　　）。

A. 该企业外购服装可抵扣的进项税额为0元

B. 该企业外购服装发生的运费可抵扣的进项税额为22元

C. 该企业购入办公用品可抵扣的进项税额为90元

D. 该企业可按3%的征收率计算可抵扣的进项税额

6. 税务机关在税务检查时，发现个体工商户杨某涉嫌少缴税款6 000元，经查其中

3 000 元是故意少报造成的，另外 3 000 元是由于税务机关错算造成的。税务机关立即扣押了杨某妻子使用的价值 2 000 元的电动车，要求杨某在 10 日内到税务机关补缴税款和滞纳金。但 3 天后发现杨某有转移、隐匿其应纳税商品的行为，于是又查封了杨某价值 7 000 元的商品。

要求：根据上述资料，回答下列问题。

（1）发现杨某涉嫌少缴税款时，（　　）。

A. 税务机关采取扣押电动车的措施是不正确的

B. 应当要求杨某限期缴纳少缴的税款

C. 因税务机关错算造成的 3 000 元不应当要求杨某缴纳

D. 可以要求杨某提供担保

（2）发现杨某有转移、隐匿其应纳税商品的行为时，（　　）。

A. 税务机关可以拍卖扣押的电动车

B. 可以要求杨某提供担保

C. 杨某拒不提供担保，税务人员可当场采取查封措施

D. 杨某拒不提供担保，经税务局局长批准可以查封 7 000 元的商品

（3）针对杨某拒不按期缴纳少缴的税款，（　　）。

A. 税务机关可以采取强制保全措施

B. 税务机关可以拍卖扣押的电动车

C. 税务机关不可以拍卖扣押的电动车

D. 经税务局局长批准可以拍卖价值 6 000 元的商品

（4）税务机关对于杨某少缴税款的行为，（　　）。

A. 可以处以罚金

B. 对 6 000 元少缴税款加收滞纳金

C. 对杨某造成的 3 000 元可以加收滞纳金

D. 对税务机关造成的 3 000 元不可以加收滞纳金

（5）关于追征期的表述中，正确的是（　　）。

A. 对 6 000 元少缴款，如果发生在 3 年前，则不再征收

B. 对于税务机关造成的 3 000 元，如果发生在 3 年前，则不再征收

C. 对于杨某造成的 3 000 元，如果发生在 3 年前，则不再征收

D. 对于杨某造成的 3 000 元，无论发生在几年前都可以要求其补缴

7. A 市税务局在进行税务稽查时，认为某公司涉嫌少缴巨额税款，先查封了部分公司房产，同时扣押了大量库存商品，并对该公司作出了行政处罚决定，要求该公司限期补缴少缴税款，同时加收滞纳金，并做罚款的行政处罚。该公司不服，认为税务机关的计税依据错误，是乱征税，查封、扣押房产和商品未按法律规定的程序办理，加收滞纳金和罚款更是没有法律依据，因此提出行政复议。

（1）对（　　）事项不服可以不经复议直接提起行政诉讼。

A. 计税依据争议　　B. 查封、扣押措施

C. 加收滞纳金　　D. 罚款

（2）关于行政复议决定书生效时间的说法正确的是（　　）。

A. 行政复议决定书做出便生效

B. 行政复议决定书送达便产生法律效力

C. 行政复议决定书送达，经申请人与被申请人签收才生效

D. 行政复议决定书送达后，15 日不起诉方可生效

（3）行政复议机关应当在（　　）做出行政复议决定。

A. 收到申请之日 60 日内　　B. 收到申请之日 30 日内

C. 受理申请之日 60 日后　　D. 受理申请之日 60 日内

（4）该公司应当向（　　）提起行政复议。

A. A 市税务局　　B. A 市政府

C. A 市税务局上一级税务机关　　D. A 市政府的上一级政府

第四章　财政法律制度

第一节　预算法律制度

一、单项选择题

1. 下列选项中不属于《预算法》规定的预算收入形式的是（　　）。

A. 规费收入

B. 征收排污费专项收入

C. 各非公有制企业之间的股权转让所得

D. 国有资产的有偿转让收益

2. 我国实行（　　）的预算制度。

A. 一级政府一级预算　　B. 统一管理

C. 分级领导　　D. 各级自行决定

3. 下列关于预算体系组成的表述，错误的是（　　）。

A. 地方预算由省、自治区、直辖市预算组成

B. 部门单位预算是指部门、单位的收支预算

C. 总预算包括本级预算和本级政府行政隶属的下一级政府的总预算

D. 预算组成不受限制，可随意编制

4. 预算收入反映国民经济发展规模和经济效益水平，预算支出反映各项建设事业发展的基本情况。这体现了国家预算的（　　）。

A. 资金保护作用　　B. 反映监督作用　　C. 财力保证作用　　D. 调节制约作用

5. 我国国家预算的基本职能中，不包括（　　）。

A. 调控职能　　B. 分配职能　　C. 支付职能　　D. 监督职能

6. 县级以上各级政府决算草案经本级人民代表大会常务委员会批准后，本级政府财政部门应当自批准之日起（　　）日内向本级各部门批复决算。

A. 10　　B. 20　　C. 15　　D. 30

7. 我国国家预算现设（　　）。

A. 中央、省（自治区、直辖市）、市（自治州）、县（不设区的市、市辖区）四级预算

B. 中央、省（自治区、直辖市）、市（自治州）、县（不设区的市、市辖区）、乡（镇）五级预算

C. 中央、省（自治区、直辖市）、市（自治州）三级预算

D. 中央、省（自治区、直辖市）、市（自治州）、县（不设区的市、市辖区）、乡（镇）、村六级预算

8. 下列选项中不属于中央预算编制的是（　　）。

A. 本级预算收入和支出　　B. 上一年度结余用于本年度安排的支出
C. 返还或者补助地方的支出　　D. 上解上级的支出

9. 下列各项中，不属于国家预算的作用的是（　　）。
A. 财力保证作用　B. 调节制约作用　C. 反映监督作用　D. 维持政权作用

10.《预算法》规定，中央预算的调整方案必须由（　　）审查和批准。
A. 全国人民代表大会　　B. 全国人民代表大会常务委员会
C. 国务院　　D. 财政部

11. 对本级各部门、各单位和下级政府的预算执行、决算实施审计监督的部门是（　　）。
A. 各级政府财政部门　　B. 各级政府
C. 各级政府审计部门　　D. 上一级政府财政部门

二、多项选择题

1. 国家预算的编制遵循的原则包括（　　）。
A. 公开性　B. 可靠性　C. 完整性　D. 统一性

2. 从归属上看，预算收入可划分为（　　）。
A. 中央预算收入　　B. 地方预算收入
C. 国有资产收益　　D. 中央和地方预算共享收入

3. 从支出主体上看，预算支出可划分为（　　）。
A. 经济建设支出　　B. 中央预算支出
C. 国家管理费用支出　　D. 地方预算支出

4. 各部门、各单位编制年度预算草案的依据有（　　）。
A. 法律、法规
B. 本级政府的指示、要求及本级政府财政部门的部署
C. 本部门、本单位的职责、任务和事业发展计划
D. 本部门、本单位的定员定额标准

5. 属于按来源划分的预算收入有（　　）。
A. 税收收入　　B. 专项收入
C. 国有资产收益　　D. 中央和地方共享收入

6. 关于中央预算的表述正确的是（　　）。
A. 由中央各部门（含直属单位）的预算组成
B. 中央预算包括地方向中央上缴的收入数额
C. 中央预算包括中央对地方返还或者给予补助的数额
D. 中央预算由全国人民代表大会常务委员会审查和批准

7. 各级财政部门的预算职权包括（　　）。
A. 编制权　B. 执行权　C. 提案权　D. 报告权

8. 下列选项属于全国人民代表大会常务委员会预算职权的有（　　）。
A. 监督地方预算的执行　　B. 审查和批准中央预算的调整方案
C. 审查和批准中央决算　　D. 审查和批准地方预算的调整方案

三、判断题

1. 国家预算作为国家的基本财政计划，是国家财政实行宏观控制的主要依据和主要手段。（　）

2. 中央预算包括地方向中央上解的收入数额，而不包括中央对地方返还或者给予补助的数额。（　）

3. 地方各级政府预算包括下级政府向上级政府上解的收入数额和上级政府对下级政府返还或者给予补助的数额。（　）

4. 预算年度自公历 1 月 1 日起至 12 月 31 日止。（　）

5. 预算收入和预算支出以人民币为计算单位。预算收支以外国货币收纳和支付的，按照中国人民银行公布的当日人民币基准汇价折算。（　）

6. 预算收入划分为中央预算收入和地方预算收入。（　）

7. 各级预算由本级政府组织执行，具体工作由本级政府财政部门负责。（　）

8. 县级以上各级预算必须设立国库，具备条件的乡、民族乡、镇也应当设立国库。（　）

9. 政府财政部门对要求追加预算支出、减少预算收入的事项应当严格审核，对需要动用预备费的，必须经上级政府财政部门批准。（　）

10. 各级政府对于必须进行的预算调整，应当编制预算调整方案。中央预算的调整方案必须提请国务院审查和批准。（　）

11. 在预算执行中，因上级政府返还或者给予补助而引起的预算收支变化，属于预算调整。（　）

12. 决算各项数字应当以经核实的基层单位汇总的会计数字为准，不得以估计数字替代，不得弄虚作假。（　）

第二节　政府采购法律制度

一、单项选择题

1. 下列采购活动适用《政府采购法》调整的有（　）。

A. 某事业单位使用财政性资金采购办公用品

B. 某军事机关采购军需品

C. 某省政府因严重自然灾害紧急采购救灾物资

D. 某省国家安全部门采购用于情报工作的物资

2. 货物和服务项目采用招标方式采购的，自招标文件开始发出之日起至投标人提交投标文件之日止，不得少于（　）日。

A. 10　　B. 15　　C. 20　　D. 30

3. 下列货物或者服务，不可以采用单一来源方式采购的是（　）。

A. 只能从唯一供应商处采购的

B. 具有特殊性，只能从有限范围的供应商处采购的

C. 发生了不可预见的紧急情况不能从其他供应商处采购的

D. 必须保证原有采购项目一致性或者服务配套的要求，需要继续从原供应商处添购，且添购资金总额不超过原合同采购金额10%的

4. 政府采购是指各级国家机关、事业单位和团体组织，使用（　　）采购依法制定的集中采购目录以内的或者采购限额标准以上的货物、工程和服务的行为。

A. 捐赠收入　B. 经营收入　C. 非财政性资金　D. 财政性资金

5. 《政府采购法》自（　　）起施行。

A. 2000年1月1日　B. 2003年1月1日

C. 2005年1月1日　D. 2007年1月1日

6. （　　）应作为政府采购的主要采购方式。

A. 竞争性谈判　B. 询价　C. 公开招标　D. 单一来源采购

二、多项选择题

1. 政府采购的功能包括（　　）。

A. 提高采购资金的使用效益　B. 节约财政支出

C. 优化产业结构　D. 推进反腐倡廉

2. 政府采购的执行模式包括（　　）。

A. 自行采购　B. 集中采购　C. 供应商采购　D. 分散采购

3. 供应商参加政府采购活动应当具备的条件包括（　　）。

A. 具有独立承担民事责任的能力

B. 具有良好的商业信誉和健全的财务会计制度

C. 有依法缴纳税收和社会保障资金的良好记录

D. 参加政府采购活动前5年内，在经营活动中没有重大违法记录

4. 政府采购当事人中的采购人可以是（　　）。

A. 国家机关　B. 个人　C. 事业单位　D. 社会团体

5. 根据政府采购法律制度的规定，下列情形中，采购人可以采用单一来源方式采购的有（　　）。

A. 只能从唯一供应商处采购的

B. 发生了不可预见的紧急情况不能从其他供应商处采购的

C. 采用招标方式所需时间不能满足用户紧急需要的

D. 不能事先计算出价格总额的

6. 政府采购法律制度的构成包括（　　）。

A. 政府采购法　B. 政府采购部门规章

C. 政府采购地方性法规　D. 政府采购政府规章

7. 政府采购的方式主要有（　　）。

A. 邀请招标　B. 竞争性谈判　C. 单一来源采购　D. 询价

8. 政府采购应当遵循（　　）的原则。

A. 公开透明　B. 公平竞争　C. 公正　D. 诚实信用

三、判断题

1. 政府采购当事人是指在政府采购活动中享有权利和承担义务的各类主体，包括采购

人、供应商和采购代理机构。 （ ）

2. 集中采购机构为采购代理机构。集中采购机构是营利性事业法人，根据采购人的委托办理采购事宜。 （ ）

3. 采购人采购纳入集中采购目录的政府采购项目，可以自行采购。 （ ）

4. 采购人有权自行选择采购代理机构，任何单位和个人不得以任何方式为采购人指定采购代理机构。 （ ）

5. 采购代理机构与行政机关之间是隶属关系。 （ ）

6. 审计机关应当对政府采购进行审计监督。政府采购监督管理部门、政府采购各当事人有关政府采购活动，应当接受审计机关的审计监督。 （ ）

第三节　国库集中收付制度

一、单项选择题

1. 国库集中收付制度改革启动于（ ）年。

A. 1994　　B. 1996　　C. 2003　　D. 2006

2. 国库单一账户是指（ ）。

A. 财政部门在中央银行开设的国库单一账户

B. 由财政部门在代理银行为预算单位开设的账户，用于财政授权支付

C. 需经上级政府或财政部、本级政府批准或授权财政部门批准才能开设的特殊性专项账户

D. 由财政部门在商业银行开设的预算外资金收入账户

3. 工资支出、基本建设支出、政府采购支出、科技三费支出属于（ ）。

A. 财政授权支付　　B. 财政直接支付　　C. 财政转移支付　　D. 财政专款支付

4. 未纳入财政直接支付范围的购买支出、零星支出、特别紧急支出和经财政部门批准的其他支出在财政支出方式中属于（ ）。

A. 财政授权支付　　B. 财政直接支付　　C. 财政转移支付　　D. 财政专款支付

5. 实行财政直接支付的支出不包括（ ）。

A. 工资支出　　B. 工程采购支出　　C. 服务采购支出　　D. 特急支出

6. 可以办理转账、提取现金等结算业务，用于财政授权支付和清算的账户是（ ）。

A. 财政部门零余额账户　　B. 预算单位零余额账户

C. 国库单一账户　　D. 预算外资金专户

7. 用于财政直接支付和国库单一账户支出清算的账户是（ ）。

A. 国库单一账户　　B. 财政部门零余额账户

C. 特殊专户　　D. 预算单位零余额账户

二、多项选择题

1. 国库单一账户体系的构成包括（ ）。

A. 国库单一账户　　B. 财政部门零余额账户
C. 预算单位零余额账户　　D. 预算外资金专户

2. 财政收入的收缴具体包括（　　）。
A. 直接缴库　B. 集中汇缴　C. 分期缴库　D. 分次预缴

3. 预算单位适用财政直接支付的财政性资金包括（　　）。
A. 工资　B. 工程采购支出　C. 物品采购支出　D. 服务采购支出

4. 实行财政直接支付的支出包括（　　）。
A. 工资支出
B. 购买支出
C. 中央对地方的专项转移支付
D. 中央对地方的一般性转移支付中的税收返还、原体制补助、过渡期转移支付、结算补助等支出

5. 国库集中收付制度的特征有（　　）。
A. 所有财政资金均纳入国库单一账户运作和管理，财政资金不得在国库单一账户体系外运行
B. 税收收入和非税收入直接缴入银行，并通过银行清算系统及时划入国库单一账户
C. 支出实行财政直接支付或财政授权支付，通过代理银行将款项支付到商品和劳务供应商
D. 财政部门设立专门的国库现金管理和支付执行机构

6. 国库集中收付方式按不同主体分为（　　）。
A. 财政直接支付　B. 财政工资支付　C. 财政转移支付　D. 财政授权支付

7. 关于国库单一账户体系，下列说法正确的是（　　）。
A. 国库单一账户体系是指以财政国库存款账户为核心的各类财政性资金账户的集合
B. 财政部门在中国人民银行开设的国库存款账户，简称国库单一账户
C. 财政部门零余额账户用于财政直接支付与国库单一账户清算
D. 预算外资金专户在中国人民银行设立和使用

三、判断题

1. 财政部是管理国库单一账户体系的职能部门，任何单位不得擅自设立、变更或撤销国库单一账户体系中的各类银行账户。（　　）

2. 财政部门零余额账户用于财政直接支付，该账户每日发生的支付，于当日营业终了前与国库单一账户清算；营业中单笔支付额5 000万元人民币以上的（含5 000万元），应当及时与国库单一账户清算。财政部门零余额账户在国库会计中使用。（　　）

3. 预算单位不得将特设专户资金转入本单位的其他银行账户，也不得将本单位的其他银行账户资金转入特设专户。（　　）

4. 财政收入的收缴分为直接缴库和集中汇缴两种方式。（　　）

5. 财政支出总体上分为购买性支出和转移性支出。（　　）

6. 财政直接支付由预算单位自行开具支付指令。（　　）

7. 预算单位实行财政直接支付的财政性资金包括工资、工程采购支出、物品和服务采

购支出。 (　　)

四、案例分析题

1. 在一次关于国家预算的研讨会上，参会代表分别作以下发言。

甲：国家预算是指经法定程序批准的、国家在一定期间内预定的财政收支计划，是国家进行财政分配的依据和宏观调控的重要手段。国家预算在经济生活中主要起到财力保证、调节制约、统计和反映监督的作用。

乙：我国的国家预算实行一级政权一级预算的多级次预算。

丙：我国的国家预算是具有法律效力的基本财政计划，是国家为了实现政治经济任务，有计划地集中和分配财政收入的重要工具，是国家经济政策的反映。

丁：我国的预算收入主要采取无偿划拨的形式，是社会主义经济的内部积累。我国的预算支出，主要用于经济建设和文化、教育、科学、卫生及社会福利事业等。

戊：部门单位预算由本部门所属各单位预算组成，各单位预算草案由其主管部门负责编制。

己：部门单位预算应具体由各预算部门和单位编制，是总预算的基础。

庚：我国国家预算级次结构是依据国家政权结构、经济发展区域规划、行政区域划分和财政管理体制设计的。

要求：根据上述资料，回答下列问题。

（1）甲代表关于国家预算在经济生活中的作用的发言中，正确的是（　　）。

A. 统计作用　　B. 财力保证作用

C. 反映监督作用　　D. 调节制约作用

（2）结合乙代表发言，下列各项有关我国现行国家预算实行级次的表述中，正确的是（　　）。

A. 三级预算　　B. 五级预算　　C. 四级预算　　D. 六级预算

（3）下列代表的发言不正确的是（　　）。

A. 丁：我国的预算支出，主要用于经济建设和文化、教育、科学、卫生以及社会福利事业等

B. 丁：我国的预算收入主要采取无偿划拨的形式，是社会主义经济的内部积累

C. 甲：国家预算是指经法定程序批准的、国家在一定期间内预定的财政收支计划

D. 丙：我国的国家预算是具有法律效力的基本财政计划

（4）下列代表关于部门单位预算的发言，不正确的是（　　）。

A. 戊：部门单位预算由本部门所属各单位预算组成

B. 戊：各单位预算草案由其主管部门负责编制

C. 己：部门单位预算由各预算部门和单位编制

D. 己：部门单位预算是总预算的基础

（5）结合庚代表的发言，属于我国国家预算级次结构设计依据的是（　　）。

A. 经济发展区域规划　　B. 国家政权结构

C. 行政区域划分　　D. 财政管理体制

2. 明确划分国家各级权力机关、各级政府、各级财政部门以及各部门、各单位在预算

活动中的职权，是保证依法管理预算的前提条件，也是将各级预算编制、预算审批、预算执行、预算调整和预算决算的各环节纳入法治化、规范化轨道的必要措施。《预算法》明确地规定了各级人民代表大会及其常务委员会、各级政府、各级财政部门和各部门、各单位的预算职权。

要求：根据以上资料，回答下列关于预算职权的有关问题。

（1）根据《预算法》的规定，属于划分预算职权原则的是（　　）。

A. 权责结合　　B. 各级独立　　C. 分级管理　　D. 统一领导

（2）根据《预算法》的规定，属于县级以上地方各级人民代表大会职权的是（　　）。

A. 批准本级预算和本级预算执行情况的报告

B. 改变或者撤销本级人民代表大会常务委员会关于预算、决算的不适当的决议

C. 撤销本级政府关于预算、决算的不适当的决定和命令

D. 审查本级总预算草案及本级总预算执行情况的报告

（3）根据《预算法》的规定，属于乡、民族乡、镇的人民代表大会职权的是（　　）。

A. 撤销本级政府关于预算、决算的不适当的决定和命令

B. 审查和批准本级预算的调整方案和本级决算

C. 监督本级预算的执行

D. 审查和批准本级预算和本级预算执行情况的报告

（4）根据《预算法》的规定，不属于国务院财政部门职权的是（　　）。

A. 提出中央预备费动用方案　　B. 具体组织中央和地方预算的执行

C. 具体编制地方预算的调整方案　　D. 具体编制中央预算、决算草案

（5）根据《预算法》的规定，属于各部门预算职权的是（　　）。

A. 编制本部门预算草案

B. 定期向本级政府财政部门报告预算的执行情况

C. 组织和监督本部门预算的执行

D. 编制本部门决算草案

3. 甲单位是实行国库集中支付的事业单位。2017 年 2 月，甲单位根据预算安排拟采购一台纳入政府采购集中采购目录的实验设备 A。由于急需设备 A，甲单位决定选择邀请招标方式自行采购。甲单位向 3 家供应商发出了投标邀请书，最终选择了供应商乙企业并与其签订了合同，但未将中标情况通知其他投标人。2017 年 12 月，一家未中标供应商丙企业向甲单位所在地政府采购监管部门丁单位投诉，认为甲单位没有及时将中标结果通知所有未中标的投标人。监管部门对甲单位进行调查，发现甲单位未按照规定保管该项采购活动的采购文件，而且丙企业所反映情况属实。监管部门对甲单位进行了相应的处罚。

要求：根据上述资料，回答下列问题。

（1）属于政府采购主体的有（　　）。

A. 事业单位　　B. 国有企业　　C. 社会团体　　D. 行政单位

（2）属于本案例中甲单位采购设备 A 应实行的采购方式是（　　）。

A. 委托集中采购机构代理采购　　B. 采购人自行采购

C. 由主管部门代为采购　　D. 联合其他采购人自行团购

（3）本案例各单位中，属于政府采购当事人的是（　　）。

A. 甲单位　　B. 丙企业　　C. 丁单位　　D. 乙企业

（4）甲单位作为政府采购的采购人应享有的权利有（　　）。

A. 拒绝政府采购监督管理部门监督检查的权利

B. 依法确定中标供应商的权利

C. 自行选择采购代理机构的权利

D. 审查政府采购供应商资格的权利

（5）甲单位作为政府采购的采购人应承担的义务有（　　）。

A. 尊重供应商的正当合法权益

B. 在规定时间内与中标供应商签订政府采购合同

C. 在指定媒体及时向社会发布政府采购信息、招标结果

D. 妥善保存反映每项采购活动的采购文件

4. 甲单位是实行国库集中支付的事业单位。2017 年 6 月，甲单位通过询价的方式采购一台办公仪器 A 设备。甲单位对两家供应商进行了询价，其中供应商丙企业进行了两次报价。

要求：根据上述资料，回答下列问题。

（1）下列关于甲单位采购 A 设备的说法，正确的有（　　）。

A. 采用询价方式采购时，应向三家以上供应商发出询价单

B. 采用询价方式采购时，可以向两家供应商发出询价单

C. 采用询价方式采购时，可以向一家供应商发出询价单

D. 采用询价方式采购时，允许一家供应商两次报价

（2）政府采购可以采用的采购方式包括（　　）。

A. 公开招标　　B. 询价采购

C. 邀请招标　　D. 单一来源采购

（3）适用询价采购方式的情形有（　　）。

A. 货物规格、标准单一，现货货源充足且价格变动幅度比较小的政府采购项目

B. 只能从唯一供应商处采购的

C. 不能事先计算出价格总额的

D. 具有特殊性，只能从有限范围的供应商处采购的

（4）关于政府采购，下列说法正确的有（　　）。

A. 政府采购当事人包括采购人、供应商和采购代理机构

B. 政府采购的主体包括国有企业

C. 政府采购的资金来源是财政性资金

D. 政府采购的对象是货物、工程、服务

5. 丙单位是实行国库集中支付的事业单位，2017 年 3 月，上级主管部门派检查组对丙单位进行检查，对以下情况提出质疑：

（1）2016 年 4 月，丙单位通过零余额账户向所属下级单位转账，为下级单位职工购买个人商业保险。

（2）2016 年 6 月，丙单位采购了一批物资，验收合格后，采用财政直接支付方式支付了采购款。

要求：根据上述资料，回答下列问题。

（1）下列关于预算单位使用零余额账户的情形，不正确的是（　　）。

A. 通过零余额账户向上级单位划转资金，为上级单位职工购买个人商业保险

B. 通过零余额账户向上级单位划转资金，为本单位职工购买个人商业保险

C. 通过零余额账户向下级单位划转资金，为本单位职工购买个人商业保险

D. 通过零余额账户向下级单位划转资金，为下级单位职工购买个人商业保险

（2）应用于财政直接支付的账户是（　　）。

A. 财政部门在商业银行为丙单位开设的零余额账户

B. 丙单位在商业银行开设的基本账户

C. 财政部门按资金使用性质在商业银行开设的零余额账户

D. 财政部门在商业银行开设的预算外资金财政专户

（3）下列各项关于财政直接支付的表述，不正确的是（　　）。

A. 预算单位进行财政直接支付时，首先按照批复的部门预算和资金使用计划，向财政国库支付执行机构提出支付申请

B. 预算单位零余额账户可以用于财政直接支付和清算

C. 代理银行根据支付指令通过财政部门零余额账户将资金直接支付到收款人账户

D. 由财政部门向中国人民银行和代理银行签发支付指令

6. 2017 年 2 月，某市审计局对甲单位（实行国库集中支付的事业单位）财政资金使用情况进行检查，确定甲单位有下列资金使用业务发生。

（1）2016 年 9 月，购买办公用品，通过零余额账户向本单位在商业银行开设的基本账户转账 2 万元，再通过基本账户支付采购款项。

（2）2016 年 9 月，根据预算安排，使用财政性资金购买了一台设备。先是通过零余额账户向本单位基本账户转账 15 万元，再通过基本账户向供应商支付设备款。

（3）2016 年 10 月，从预算单位零余额账户提取现金 1 800 元（现金限额以内）。

（4）2016 年 11 月，采用财政直接支付方式直接支付给甲工程公司办公楼维修款 30 万元。

要求：根据上述资料，回答下列问题。

（1）下列关于财政支出支付方式的说法，正确的是（　　）。

A. 预算单位零余额账户用于财政授权支付

B. 财政直接支付可以用于财政统一发放的工资支出、转移支出

C. 财政授权支付可以用于专项支出

D. 财政部门零余额账户用于财政直接支付

（2）审计的 2016 年 4 笔资金使用情况，正确的有（　　）。

A. 通过零余额账户向本单位划转资金，再通过基本账户支付办公用品的采购款

B. 通过零余额账户向本单位划转资金，再通过基本账户支付设备的价款

C. 通过零余额账户提取现金限额内的现金

D. 通过零余额账户直接支付工程款给收款人

（3）下列关于财政授权支付的说法，正确的是（　　）。

A. 财政授权支付是由财政部门签发支付指令

B. 财政授权支付需由财政国库支付执行机构向代理银行下达预算单位直接支付的月度用款额度

C. 用于财政授权支付的零余额账户每天与国库单一账户清算

D. 预算单位零余额账户、财政部门零余额账户都可以用于财政授权支付

（4）下列关于甲单位实行财政直接支付方式的表述，正确的是（　　）。

A. 甲单位在发生财政直接支付事项时应先按批复的部门预算和资金使用计划向财政国库支付机构、执行机构提出支付申请

B. 财政直接支付中，代理银行应根据财政部门支付指令通过国库单一账户体系将资金直接支付到甲单位账户

C. 财政直接支付应由中国人民银行向代理银行签发支付指令

D. 财政直接支付主要是通过转账方式进行

7. 甲行政单位执行国库集中收付制度，5 月代政府收取属于预算外资金的养路费 100 万元，购买单件物品 8 万元，收到政府拨付的救灾款 50 万元。

要求：根据上述资料，回答下列问题。

（1）养路费上缴的账户是（　　）。

A. 国库单一账户　　B. 财政专户

C. 特设专户　　D. 先存入单位银行账户，再上缴财政

（2）关于购买单件物品 8 万元，下列说法正确的是（　　）。

A. 采用财政直接支付　　B. 采用财政授权支付

C. 通过财政零余额账户进行支付　　D. 通过单位零余额账户进行支付

（3）该单位收到政府拨付的救灾款 50 万元应存入的账户是（　　）。

A. 单位基本存款账户

B. 特设专户

C. 经批准为该行政单位在商业银行开设的特殊专户

D. 财政专户

（4）下列选项中，以单位名义开设的账户有（　　）。

A. 财政零余额账户　　B. 单位零余额账户

C. 财政专户　　D. 特设专户

第五章　会计职业道德

第一节　会计职业道德概述

一、单项选择题

1. 以下不属于职业道德特征的是（　　）。

A. 职业性　　B. 实践性　　C. 固定性　　D. 继承性

2. 会计职业道德与会计法律制度的性质不同，会计法律制度是通过（　　）来推行的会计行为规范。

A. 国家强制力　　B. 司法机关　　C. 行政机关　　D. 上层建筑

3. 不属于会计职业道德调整规范的对象是（　　）。

A. 总会计师　　B. 会计机构负责人

C. 会计主管人员　　D. 单位负责人

4. 下列有关会计法律制度与会计职业道德实施保障机制的表述中，不正确的是（　　）。

A. 会计法律制度实施保障机制中一般有明确的制裁和处罚条款

B. 会计职业道德的权利与义务发生时，缺乏权威机构对其是非曲直明确作出裁定

C. 为保证会计法律制度有法必依、执法必严、违法必究，必须建立一套行之有效的实施保障机制

D. 会计职业道德的权利与义务发生时，县级以上财政部门应当对其是非曲直作出公正裁定

5. 某集团公司组织一次会计诚信建设座谈会，与会会计人员说了各自的观点，下列各项观点符合会计职业道德要求的是（　　）。

A. 会计工作无非是记账、算账，公司生产经营决策是领导的事，与会计人员无关，所以没有必要参与，也没有必要过问

B. 既然公司领导对公司会计工作和会计信息质量负责，会计人员就应该听领导的，在自己不贪不占的前提下，领导让做什么就做什么

C. 会计人员应保守公司的商业秘密，在任何情况下，都不能向外界提供或者泄露单位的会计信息

D. 会计人员应按国家统一的会计制度记账、算账、报账，如实反映单位经济业务活动情况

6. 会计人员的下列行为，属于违反会计法律制度的有（　　）。

A. 会计张某挪用公款炒股

B. 会计机构负责人赵某满足于记账、算账，不利用大量而丰富的会计信息参与本单位经营管理

C. 会计李某沉溺于赌博，不爱钻研业务

D. 会计王某上班经常迟到早退

7. 下列有关道德惩罚与法律惩罚的表述，正确的是（　　）。

A. 法律惩罚和道德惩罚相互排斥　　B. 法律惩罚可以代替道德惩罚

C. 道德惩罚可以代替法律惩罚　　D. 法律惩罚和道德惩罚并行不悖

8. 下列关于会计职业道德的表述，正确的是（　　）。

A. 会计职业道德对会计人员具有很强的自律性

B. 相对于会计法律制度而言，会计职业道德是对会计从业人员行为最低限度的要求

C. 会计职业道德在时间上和空间上对会计人员的影响没有会计法律制度广泛持久

D. 会计职业道德具有强制性

9. 会计法律制度的保障实施机构是（　　）。

A. 国家执法机构　　B. 会计人员　　C. 财政部门　　D. 会计行业组织

10. 会计法律制度所规定的行为规范是会计职业道德的（　　）要求。

A. 最高　　B. 最低　　C. 一般　　D. 基本

11. 下列关于会计职业道德和会计法律制度的说法，正确的是（　　）。

A. 违反会计法律制度和会计职业道德都会受到法律制裁

B. 会计职业道德与会计法律制度一样，都是靠国家的强制力保障实施的

C. 会计法律制度有成文规定，会计职业道德没有具体的表现形式

D. 会计法律制度具有很强的他律性，会计职业道德具有很强的自律性

12. 当经济主体利益与国家利益和社会公共利益出现矛盾时，会计人员应把（　　）放在首位。

A. 社会公共利益　　B. 会计人员经济利益

C. 经济主体利益　　D. 会计人员家庭经济利益

13. 会计职业道德主要依靠会计从业人员的自觉性，并依靠社会舆论和良心来实现，具有（　　）。

A. 自律性　　B. 他律性　　C. 强制性　　D. 法律性

14. （　　）可以配合国家法律制度，调整职业关系中的经济利益关系，维护正常的市场经济秩序。

A. 会计职业教育　　B. 会计职业修养　　C. 会计职业纪律　　D. 会计职业道德

15. 下列关于会计职业道德与会计法律制度区别的表述，正确的是（　　）。

A. 两者的职责不同　　B. 两者的目标不同

C. 两者的实施保障机制不同　　D. 两者的调整对象不同

16. 不属于会计职业道德功能的是（　　）。

A. 评价功能　　B. 指导功能　　C. 规范功能　　D. 教化功能

17. 职业道德的内容与职业实践活动紧密相连，反映着特定职业活动对从业人员行为的道德要求，这体现了职业道德的（　　）特征。

A. 职业性　　B. 继承性　　C. 实践性　　D. 多样性

18. 从会计法律制度与会计职业道德的关系角度看，下列表述正确的是（　　）。

A. 会计法律制度是会计职业道德的最高要求

B. 会计法律制度是会计职业道德的最低要求

C. 会计法律制度与会计职业道德具有同等的约束力

D. 会计职业道德是从会计法律制度中提炼出来的

二、多项选择题

1. 会计职业道德的特征有（　　）。

A. 具有一定强制性　　B. 较多关注社会公共利益

C. 具有自愿性　　D. 与个人利益有冲突

2. 开展会计职业道德教育的意义有（　　）。

A. 提高会计职业道德水平　　B. 树立会计职业道德观念

C. 促使会计职业健康发展　　D. 培养会计职业道德情感

3. 林某是代理记账公司专职从业人员，在其为客户提供的下列服务中，符合会计职业道德要求的有（　　）。

A. 提出将委托单位固定资产折旧和银行借款利息挂账处理，以改善其经营

B. 辅导委托单位会计进行正确的会计账务处理，帮助其树立依法理财的观念

C. 向委托单位提出改进内部会计控制的建议

D. 利用专业知识为委托单位进行税收代理服务，拒绝企业提出的以现金收入不入账的手段少缴企业所得税的要求

4. 某单位制定的内部会计人员管理制度中，符合会计职业道德要求的有（　　）。

A. 会计人员应当保守单位的商业秘密，未经单位负责人同意，会计人员不得向外界提供或泄露单位任何会计信息

B. 会计人员应当熟悉本单位的生产经营和业务管理流程情况，运用掌握的会计信息和会计方法，为改善单位内部管理、提高经济效益服务

C. 会计人员应当熟悉财经法律、行政法规和国家统一的会计制度，并结合会计工作进行广泛宣传

D. 会计人员在工作中应当树立良好的职业品质、严谨的工作作风，遵守工作纪律，努力提高工作效率和工作质量

5. 既违反会计法律制度，又违背会计职业道德规范的情形有（　　）。

A. 会计李某平时喜欢吃喝应酬，不爱学习钻研

B. 出纳小刘利用职务便利挪用公款炒股

C. 会计机构负责人吴某按照单位领导人授意，销毁在有效期内的会计档案

D. 会计小王经常迟到，工作拖沓敷衍

6. 会计职业道德与法律制度的关系是（　　）。

A. 两者在作用上相互补充、相互协调

B. 两者性质和作用范围相同

C. 两者在内容上相互借鉴、相互吸收

D. 两者评价标准相同

7. 会计职业道德的作用有（　　）。

A. 是规范会计行为的基础　　B. 是实现会计目标的重要保证

C. 是对会计法律制度的重要补充　　　　D. 是提高会计人员职业素养的内在要求

8. 会计职业道德来自于职业习惯和约定俗成，它是靠（　　）的力量来维持的。

A. 教育　　　　B. 传统　　　　C. 习惯　　　　D. 信念

9. 以下关于职业道德的表述，不正确的是（　　）。

A. 会计职业道德不调整会计人员的外在行为

B. 会计职业道德与会计法律制度两者在性质上相同

C. 会计职业道德是规范会计行为的基础

D. 会计职业道德规范的全部内容归纳起来就是廉洁自律与强化服务

10. 属于会计职业道德表现形式的有（　　）。

A. 出自于会计人员的职业生活和职业实践，有不成文的规范

B. 出自于会计人员的职业生活和职业实践，有明确的成文规定

C. 由国家立法机关或行政机关制定正式文字的成文规定

D. 有的规范存在于人们的意识和信念之中，并无具体的表现形式，依靠社会舆论、道德教育、传统习俗和道德评价来实现

三、判断题

1. 会计职业道德对社会经济秩序没有影响。（　　）

2. 会计职业道德不允许个人和各项经济主体获取合法的自身利益，而且反对通过损害国家和社会公共利益而获取违法利益。（　　）

3. 会计职业道德是会计法律制度的重要补充。（　　）

4. 会计法律制度中包含会计职业道德规范的内容，同时，会计职业道德规范中也有会计法律制度的某些条款。两者在内容上相互渗透、相互重叠。（　　）

5. 从功能角度而言，会计职业道德具有指导、评价和教化的功能。（　　）

6. 通过对会计人员的会计行为动机提出相应的会计职业道德要求，引导、规范、约束会计人员树立正确的职业观念，可以达到规范会计行为的目的。（　　）

7. 违反会计职业道德的行为都是违反会计法律制度的行为。（　　）

8. 会计职业道德规范是促进会计法律制度形成和遵守的重要保障。（　　）

9. 会计职业道德属于会计人员行为规范的范畴，而会计法律制度则不属于会计人员行为规范的范畴。（　　）

10. 会计职业道德侧重于调整会计人员的外在行为和结果的合法化；会计法律制度不仅要求调整会计人员的外在行为，还要调整会计人员内在精神世界。（　　）

11. 会计职业道德作为一种调整会计职业关系和改造会计人员品质的方式，调整面宽，作用面广，是会计法律法规和行政命令难以企及的。（　　）

12. 会计人员坚持准则，不仅是对法律负责，对国家、社会公众负责，也是对单位负责人负责。（　　）

13. 某些会计人员缺乏爱岗敬业精神，对本职工作仅满足现状、不思进取、应付了事，可以说这种现象违背了会计法律制度的要求。（　　）

14. 职业道德是职业活动对职业行为的道德要求，与职业活动的要求密切相关。（　　）

15. 会计职业道德依靠会计人员的自觉性，并依靠社会舆论和良心来实现，基本上是非

强制执行的。 （ ）

16. 会计人员是会计工作的主体，其职业道德水准和敬业精神，将直接影响单位的会计信息质量。 （ ）

17. 对于会计人员来说，社会舆论的强制、行业自律的强制和法律的强制都属于他律。 （ ）

18. 会计职业道德是会计法律实施的重要基础，会计法律制度是会计职业道德形成和遵守的可靠保证。 （ ）

19. 会计职业道德规范的内容既要兼顾社会公德的一般要求，也要体现会计职业的特殊要求。 （ ）

20. 一般来说，检查中发现的会计人员违反《会计法》的行为，同时也是违反会计职业道德的行为，不仅应受到相应的行政处罚或刑事处罚，同时还必须接受相应的道德制裁。 （ ）

第二节 会计职业道德规范的主要内容

一、单项选择题

1. （ ）是会计职业道德的前提，是会计职业道德的内在要求。

A. 廉洁自律 B. 爱岗敬业 C. 诚实守信 D. 坚持准则

2. 判断会计从业人员是否具有职业道德的首要标准是（ ）。

A. 诚实守信 B. 坚持准则 C. 爱岗敬业 D. 客观公正

3. 会计制度中“账实相符”的规定体现了会计职业道德规范中（ ）的要求。

A. 爱岗敬业 B. 坚持准则 C. 客观公正 D. 提高技能

4. 在市场经济条件下，会计工作和会计人员在企业经营管理中发挥着越来越重要的作用。下列关于会计人员参与企业管理的表述，正确的是（ ）。

A. 会计人员在企业经营管理中主要发挥领导作用

B. 会计人员在企业经营管理中主要发挥决策作用

C. 会计人员在企业经营管理中主要发挥鉴证作用

D. 会计人员在企业经营管理中主要发挥服务作用

5. 会计人员对于工作中知悉的商业秘密应依法保守秘密，不得泄露，这是会计职业道德规范中（ ）要求的具体体现。

A. 诚实守信 B. 客观公正 C. 坚持准则 D. 爱岗敬业

6. 不属于职业道德规范要求的是（ ）。

A. 诚实守信 B. 廉洁自律 C. 爱岗敬业 D. 男女平等

7. “坚持好制度胜于做好事”“制度大于天，人情薄如烟”，体现了会计职业道德规范中（ ）的要求。

A. 参与管理 B. 强化服务 C. 提高技能 D. 坚持准则

8. 不属于会计人员强化服务行为的是（ ）。

A. 客观、真实地反映单位的经济业务活动，为管理者提供正确的会计信息，当好参谋

B. 完整、准确地记录单位财产变动状况，促进所有者资产的保值增值，当好管家

C. 积极主动地向单位领导反映经营管理中存在的问题，提出合理化建议，协助领导做出决策

D. 定期对本单位会计资料进行内部审计

9. 要求会计人员公私分明、不贪不占的会计职业道德规范是（　　）。

A. 诚实守信　　B. 爱岗敬业　　C. 廉洁自律　　D. 客观公正

10. 要求会计人员热爱会计工作，安心本职岗位，忠于职守，尽心尽力，尽职尽责的会计职业道德规范是（　　）。

A. 强化服务　　B. 诚实守信　　C. 提高技能　　D. 爱岗敬业

11. “清清白白做事，正正直直做人”体现的会计职业道德规范是（　　）。

A. 客观公正　　B. 爱岗敬业　　C. 坚持准则　　D. 廉洁自律

12. “实事求是，如实反映”是会计职业道德规范中（　　）的基本要求。

A. 爱岗敬业　　B. 客观公正　　C. 坚持准则　　D. 诚实守信

13. （　　）既是会计人员必须具备的行为品德，也是会计职业道德的灵魂。

A. 提高技能　　B. 坚持准则　　C. 客观公正　　D. 廉洁自律

14. 如果会计人员对所从事的会计职业缺乏正确的认识，认为会计不过是简单的“写写算算”“收收支支”的琐碎工作，或者有“会计难当，职权难用，成绩难见，违纪难免”的想法，就必然会不自觉地把这些意识反映到其工作行动之中，就会表现出“懒”“惰”“拖”的不良行为，给会计职业及其声誉造成不良影响。上诉陈述违背了会计职业道德规范中的（　　）所要求的内容。

A. 爱岗敬业　　B. 廉洁自律　　C. 诚实守信　　D. 提高技能

15. “中国现代会计学之父”潘序伦先生倡导的“信以立志，必有成”这句话体现的会计职业道德规范是（　　）。

A. 诚实守信　　B. 客观公正　　C. 廉洁自律　　D. 坚持准则

16. （　　）是做人的基本准则，也是职业道德的精髓。

A. 爱岗敬业　　B. 诚实守信　　C. 坚持准则　　D. 奉献社会

17. 要求会计人员在处理业务过程中，严格按照会计法律制度办事，不为他人意志左右的会计职业道德规范是（　　）。

A. 爱岗敬业　　B. 廉洁自律　　C. 客观公正　　D. 坚持准则

18. “理万金而分文不沾”体现的会计职业道德规范是（　　）。

A. 参与管理　　B. 廉洁自律　　C. 诚实守信　　D. 爱岗敬业

19. “诚实守信”要求会计人员做到（　　）。

A. 不泄露秘密　　B. 保持应有的独立性

C. 积极参与管理　　D. 严肃认真，一丝不苟

20. “实事求是，不偏不倚”体现了（　　）的会计职业道德规范。

A. 诚实守信　　B. 客观公正　　C. 爱岗敬业　　D. 坚持准则

21. （　　）主要体现了会计职业道德规范中“提高技能”的要求。

A. “常在河边走，就是不湿鞋”　　B. “做老实人，说老实话，办老实事”

C. “干一行，爱一行”　　D. “活到老，学到老”

22. 不做假账是对会计人员最基本的要求，最能体现这项要求的会计职业道德规范是（　　）。

A. 爱岗敬业　　B. 客观公正　　C. 诚实守信　　D. 提高技能

23. 会计职业道德规范中“诚实守信”的基本要求中，侧重于对注册会计师提出的要求是（　　）。

A. 保守秘密，不为利益所诱惑　　B. 公私分明，不贪不占

C. 做老实人，说老实话，办老实事　　D. 执业谨慎，信誉至上

24. 甲公司向银行申请一笔大额贷款，但该公司目前的经营情况不具备偿债能力，该公司负责人王某要求财务部门负责人李某调整报表数据以达到贷款要求。李某是该公司返聘的员工，李某知道公司目前不具备条件，但考虑到王某待自己不薄，就完成了一份漂亮的报表，获得了贷款。李某的行为违反了（　　）。

A. 客观公正、坚持准则的要求　　B. 爱岗敬业、廉洁自律的要求

C. 爱岗敬业、强化服务的要求　　D. 参与管理、提高技能的要求

25. 甲公司获得一项工程合同，向工程发包方有关人员支付好处费 8 万元，甲公司市场部持公司董事长的批准到财务部领取该笔款项。财务部经理王某认为该项支出不符合有关规定，但考虑到公司主要领导已经做了批示，遂同意拨付该笔款项。下列对王某做法的认定，正确的是（　　）。

A. 王某违背了参与管理的会计职业道德规范

B. 王某违背了爱岗敬业的会计职业道德规范

C. 王某违背了客观公正的会计职业道德规范

D. 王某违背了坚持准则的会计职业道德规范

26. 甲公司是行业纳税大户。近年来，经济情况严重滑坡，财务部经理李某在整改方案中指出：“公司以前效益好，掩盖了铺张浪费现象，现在该是节约的时候了。”公司采纳了李某的建议，形成了“人人讲成本，人人算成本，人人节约成本”的良好风气。李某的行为体现的会计职业道德规范是（　　）。

A. 诚实守信　　B. 参与管理　　C. 强化服务　　D. 提高技能

二、多项选择题

1. 会计职业道德规范中的“客观公正”要求会计人员端正态度及（　　）。

A. 保持应有独立性　　B. 如实反映

C. 实事求是　　D. 依法办事

2. 下列各项不符合会计职业道德规范中“强化服务”要求的有（　　）。

A. 会计机构负责人在单位负责人苦于无法实现盈利目标时，主动提出虚构销售合同、虚增利润的建议

B. 会计人员在采购部门人手不足的情况下，代理采购人员办理采购业务

C. 总会计师在单位负责人外出开会的情况下，代替单位负责人在财务会计报告上签章

D. 出纳人员在稽核会计生病期间主动提出兼任稽核检查工作

3. 小李在一家股份有限公司中担任出纳，在实际工作中与钱打交道的机会很多，但他从来不贪不占，对每笔费用都如实向单位领导反映，并报财务主管指示。同时，小李在日常工作中也是实事求是，从不弄虚作假。小李的做法体现出的会计职业道德规范有（　　）。

A. 诚实守信　　B. 客观公正　　C. 廉洁自律　　D. 强化服务

4. 会计职业道德规范的内容中包含“坚持准则”，这里的“准则”包括（　　）。

A. 会计法规　　B. 会计准则　　C. 会计法律　　D. 会计制度

5. “廉洁自律”要求会计人员公私分明、不贪不占。下列说法正确的有（　　）。

A. 摒弃“金钱至上、金钱万能”的拜金主义想法

B. 要树立正确的人生观和价值观

C. 用道德的观念抵制自己的不良欲望

D. 廉洁自律是会计职业道德的内在要求，是会计人员的行为准则

6. 符合会计职业道德规范中“参与管理”的行为有（　　）。

A. 分析坏账形成原因，提出加强授信管理，加快货款回收的建议

B. 分析现金流量状况，查找存在的问题，提出改进措施

C. 对公司财务会计报告进行综合分析并提交风险预警报告

D. 参加公司重大投资项目的可行性研究和投资效益论证

7. 坚持准则是会计职业道德规范的一项重要内容，具体要求有（　　）。

A. 遵循准则　　B. 熟悉准则

C. 了解准则　　D. 敢于同违法行为作斗争

8. 符合会计职业道德规范中的“爱岗敬业”基本要求的有（　　）。

A. 热爱会计工作，敬重会计职业

B. 忠于职守，尽职尽责

C. 正确认识会计职业，树立职业荣誉感

D. 严肃认真，一丝不苟

9. 下列有关会计职业道德规范中“客观公正”的表述，正确的有（　　）。

A. 扎实的理论功底和较高的专业技能是做到客观公正的重要条件

B. 在会计工作中客观是公正的基础，公正是客观的反映

C. 会计活动的整个过程都离不开客观公正

D. 依法办事是会计工作保持客观公正的前提

10. 会计职业道德规范中的“廉洁自律”要求会计人员清正廉洁，遵纪守法，（　　）。

A. 树立正确的人生观和价值观　　B. 公私分明，不贪不占

C. 保守秘密　　D. 遵纪守法，一身正气

11. 单位会计人员泄露单位的商业秘密，可能导致的后果有（　　）。

A. 损害会计人员自身信誉　　B. 会计人员将承担法律责任

C. 损害单位的经济利益　　D. 损害会计行业声誉

12. 某公司财务部门年末时发现该年度业务招待费超标，于是会计人员按领导意图拿来一些假发票准备将超支的业务招待费列入“管理费用”的其他项目。这种做法违反了（　　）的会计职业道德规范。

A. 客观公正　　B. 廉洁自律　　C. 强化服务　　D. 坚持准则

13. 王某是某单位的会计人员，平时工作努力，积极钻研业务，时常提供合理化建议。这体现了王某具有（　　）的会计职业道德规范。

A. 爱岗敬业　　B. 诚实守信　　C. 提高技能　　D. 参与管理

14. “提高技能”既是会计职业道德规范的基本要求，也是会计人员胜任本职工作的重要条件。下列各项中，属于会计技能的内容有（　　）。

A. 沟通交流能力　　B. 会计实务能力

C. 职业判断能力　　D. 自动更新知识能力

15. 会计职业道德规范中的“诚实守信”的基本要求有（　　）。

A. 做老实人，说老实话，办老实事，不搞虚假

B. 保密守信，不为利益所诱惑

C. 执业谨慎，信誉至上

D. 在坚持会计准则的基础上尽量满足客户和服务主体的需要

16. 我国会计职业道德规范的主要内容，除了爱岗敬业、诚实守信、廉洁自律、客观公正外，还有（　　）。

A. 坚持准则　　B. 提高技能　　C. 参与管理　　D. 强化服务

17. 对参与管理与强化服务的关系的下列表述，正确的有（　　）。

A. 参与管理是强化服务的一种表现形式

B. 强化服务有利于参与管理

C. 不参与管理，也完全可以提高服务水平和质量

D. 不强化服务，就难以保持参与管理的热情和动力

18. 属于会计职业道德规范中“提高技能”基本要求的有（　　）。

A. 具有勤学苦练、刻苦钻研的精神

B. 具有科学的学习方法

C. 具有不断提高会计专业技能的意识和愿望

D. 努力钻研业务，提高业务技能

19. 下列关于爱岗敬业的表述，正确的有（　　）。

A. 爱岗敬业是会计职业道德的精髓

B. 爱岗敬业是指忠于职守的事业精神

C. 爱岗敬业要求会计人员要树立“干一行爱一行”的思想

D. 爱岗敬业是会计职业道德的基础

20. 李某是一名会计，他认为当会计没有多大的出息，所以对会计工作应付、敷衍，从不参加继续教育，他违反的会计职业道德规范是（　　）。

A. 爱岗敬业　　B. 客观公正　　C. 坚持准则　　D. 提高技能

21. 甲公司领导要求出纳王某将收到的部分材料销售款 5 000 元另行存放，不入账。王某没有按照该领导的要求执行，而是按规定将 5 000 元材料销售款作为零星收入入账，致使该领导很不高兴。财务科长李某知道后对王某进行了批评，他提出作为会计人员应该服从领导安排，领导让怎么做就怎么做。财务科长李某的做法违背了（　　）的会计职业道德规范。

A. 坚持准则　　B. 客观公正　　C. 爱岗敬业　　D. 强化服务

22. 王某是某上市公司的财务经理，在收受了某证券从业人员的“信息费”后，向其提前透露了本公司年度财务数据。王某的这一做法违背的会计职业道德规范是（　　）。

A. 廉洁自律　　B. 诚实守信　　C. 客观公正　　D. 坚持原则

23. 下列关于“提高技能”的说法，正确的是（　　）。

A. 提高技能是客观公正的基础　　B. 提高技能是会计人员的义务

C. 提高技能是坚持准则的基础　　D. 提高技能是参与管理的前提

24. 下列关于会计职业道德规范中“廉洁自律”的表述，正确的有（　　）。

A. 廉洁自律要求会计人员自觉抵制享乐主义、个人主义、拜金主义等错误思想

B. 廉洁就是不贪污钱财，不收受贿赂，保持清白

C. 廉洁自律要求会计人员不贪图金钱和物质享受

D. 廉洁自律是会计工作保持客观公正的前提

三、判断题

1. 坚持准则中的“准则”就是指会计准则。（　　）

2. 保持独立性是会计职业道德规范中爱岗敬业的基本要求。（　　）

3. 会计人员遵循参与管理的职业道德规范就是要积极主动参与到企业管理中，对企业经营管理活动作出决策。（　　）

4. 廉洁自律是会计职业道德规范的基本要求。（　　）

5. 会计职业道德规范中的保守秘密指的就是会计人员要保守企业自身秘密。（　　）

6. 诚实守信要求会计人员做老实人，说老实话，办老实事，执业谨慎，信誉至上，不为利益所诱惑，不弄虚作假，不泄露秘密。（　　）

7. “常在河边走，就是不湿鞋”体现的是廉洁自律的会计职业道德规范。（　　）

8. 保守秘密，不为利益所诱惑是爱岗敬业的基本要求。（　　）

9. 会计职业道德规范中强化服务的关键是强化服务意识。（　　）

10. 执业谨慎是会计职业道德规范中诚实守信的基本要求。（　　）

11. “良言一句三冬暖，恶语伤人六月寒”体现的是会计职业道德规范中强化服务的要求。（　　）

12. “严肃认真，一丝不苟”是会计职业道德规范中客观公正的基本要求。（　　）

13. 对一些违规违纪行为视而不见、放弃原则，对单位领导公款消费、私分财物，甚至直接授意伪造会计凭证、会计账簿等违规违纪行为不提醒、不抵制，违背了会计职业道德规范中坚持准则的要求。（　　）

14. 真心实意，实事求是，不虚假，不欺诈，遵守承诺，讲究信用，注重信誉，体现了坚持准则的职业道德规范。（　　）

15. 廉洁自律是会计职业道德的内在要求和行为准则。（　　）

16. 会计人员遵循坚持准则的会计职业道德规范，就是只需要坚持和会计核算相关的准则，严格按这些准则办事。（　　）

17. 出纳人员对前来报销差旅费的人员笑脸相迎，并耐心解析凭证粘贴要求，体现了会计职业道德规范中强化服务的基本要求。（　　）

18. 爱岗敬业中的“岗”是指会计工作岗位，不包括总会计师岗位。（　）

19. 会计职业道德规范中的坚持准则就是要求会计人员在处理业务过程中，严格按照会计准则办理。（　）

20. 严肃认真，一丝不苟，认真把好关，守好口，要求数字计算准确，手续清楚完备，体现了爱岗敬业的精神。（　）

21. 会计职业道德规范中强化服务的结果，就是奉献社会。（　）

22. 除法律规定和单位负责人同意外，会计人员不能私自向外界提供或者泄露单位的会计信息。（　）

23. 职业判断能力是会计人员基本的职业要求，不属于职业道德的范围。（　）

第三节　会计职业道德教育

一、单项选择题

1. 会计人员经常会对自己的工作进行评价，对工作中的不足进行评判、剖析。这种自我教育的方式属于（　）。

A. 自律慎独法　B. 自重自省法　C. 自警自励法　D. 慎省慎微法

2. （　）是会计职业道德教育的核心内容，并贯穿会计职业道德教育始终。

A. 其他相关教育　B. 会计职业道德观念教育

C. 会计职业道德警示教育　D. 会计职业道德规范教育

3. 会计职业道德警示教育主要通过（　）来提高会计人员会计职业道德观念和辨别是非的能力。

A. 理论教育和课堂讲授　B. 典型案例讨论和剖析

C. 理论教育和自我学习　D. 实际情况讨论和分析

4. 不属于会计职业道德教育途径的是（　）。

A. 会计专业技术资格考试　B. 会计人员继续教育

C. 会计从业资格证考试　D. 会计学历教育

5. 下列关于会计职业道德教育形式的说法，准确的是（　）。

A. 接受教育和自我修养　B. 正规学历教育和单位培训

C. 岗位轮换和技能培训　D. 岗位轮换和自我学习

6. 在会计职业道德接受教育的形式中，（　）在会计职业道德教育中具有基础性地位。

A. 会计职业道德的自我教育　B. 会计学历教育中的职业道德教育

C. 会计继续教育中的职业道德教育　D. 获取会计从业资格中的职业道德教育

7. 会计职业道德教育应以（　）为核心内容。

A. 会计职业道德观念教育　B. 会计职业道德规范教育

C. 会计职业道德警示教育　D. 会计职业道德精神教育

8. 会计的岗前职业道德教育包括（　）。

A. 会计培训教育和会计专业学历教育
B. 会计培训教育和会计继续教育
C. 会计专业学历教育
D. 会计专业学历教育和获取会计从业资格中的职业道德教育

9. 不属于会计职业道德教育内容的是（ ）。

A. 警示教育　B. 规范教育　C. 观念教育　D. 专业理论教育

10. 会计人员在独立工作、无人监督时，仍能坚持自己的道德信念，依据一定的道德原则行事，坚持准则，不做任何对国家、对社会、对他人不道德的事情。这种自我教育的方法属于（ ）。

A. 自我解剖法　B. 自警自励法　C. 自律慎独法　D. 自重自省法

11. 会计职业道德（ ）的最终目的，在于将会计职业道德原则和规范逐步转化为自己的职业道德品质，从而将会计职业道德实践中对职业道德的意识情感和信念上升为职业道德习惯，使其贯穿职业活动的始终。

A. 教育　B. 奖惩　C. 修养　D. 规范

12. 不属于会计职业道德教育内容的有（ ）。

A. 会计职业道德警示教育　B. 会计职业道德观念教育
C. 会计人员继续教育　D. 会计职业道德规范教育

13. 不属于与会计职业道德教育相关的其他教育的是（ ）。

A. 警示教育　B. 品德教育　C. 形势教育　D. 法制教育

二、多项选择题

1. 会计职业道德观念教育的目的有（ ）。

A. 了解会计职业道德对社会经济秩序的影响
B. 了解会计职业道德对会计信息质量的影响
C. 树立会计职业道德观念
D. 了解违反会计职业道德规范将受到的惩戒和处理

2. 会计职业道德规范教育的主要内容包括（ ）。

A. 爱岗敬业　B. 财务管理　C. 廉洁自律　D. 客观公正

3. 属于会计职业道德自我修养的途径有（ ）。

A. 慎独慎欲　B. 慎省慎微
C. 互相监督指导　D. 自警自励

4. 会计职业道德教育的途径有（ ）。

A. 岗前职业道德教育　B. 岗位职业道德继续教育
C. 慎独慎欲　D. 自警自励

5. 会计职业道德的基本功能包括（ ）。

A. 指导功能　B. 评价功能　C. 惩戒功能　D. 教化功能

6. 属于会计职业道德指导功能范畴的有（ ）。

A. 客观公正　B. 爱岗敬业　C. 诚实守信　D. 廉洁自律

7. 属于岗前职业道德教育内容的有（ ）。

A. 会计专业学历教育　　B. 法制教育

C. 形势教育　　D. 获取会计从业资格中的职业道德教育

8. 下列关于会计职业道德教育的表述中，不正确的有（　　）。

A. 会计职业道德教育应贯穿整个会计人员继续教育的始终

B. 自我修养是指会计人员通过学校或培训单位的学习进行教育

C. 岗前会计职业道德教育是指对将要从事会计职业的人员进行的道德教育

D. 会计职业道德教育的内容不包括形势教育、品德教育和法制教育

三、判断题

1. 会计职业道德情感的培养与会计职业道德认知的形成是一样的。（　　）

2. 会计职业道德规范教育是指对会计人员开展以会计职业道德规范为主要内容的教育。（　　）

3. 聘任会计人员专业职务时，除必须具备同级专业技术资格外，也应考查其遵守职业道德的情况。（　　）

4. 通过职业道德教育中的自我修养，能使会计职业道德内化为会计人员的职业本能。（　　）

5. 自我修养可以把外在的职业道德要求，逐步转变为会计人员内在的职业道德情感、职业道德意志和职业道德信念。（　　）

6. 通过对会计人员的会计行为动机提出相应的会计职业道德要求，引导、规范、约束会计人员树立正确的职业观念，可以达到规范会计行为的目的。（　　）

7. 会计职业道德教育的接受教育，是以职业责任、职业义务为核心内容的正面灌输，以规范其职业行为，维护社会公共利益的教育。（　　）

8. 会计职业道德规范教育就是通过学习会计职业道德知识，树立会计职业道德观念，了解会计职业道德对社会经济秩序、会计信息质量的影响，以及违反会计职业道德规范将受到的惩戒和处罚。（　　）

9. 会计职业道德教育要取得成效，要脱离自我教育。（　　）

10. 会计职业道德教育的主要形式包括形势教育和品德教育。（　　）

11. 会计职业道德规范教育是指对会计人员开展以会计法律法规制度和会计职业规范为主要内容的教育。（　　）

12. 会计职业道德警示教育是通过开展对违反会计职业道德行为和对违法会计行为典型案例的讨论和剖析，给会计人员以启发和警示，从而提高会计人员的法律知识和会计职业道德观念，提高会计人员辨别是非的能力。（　　）

13. 岗位职业道德继续教育是对已进入会计职业的会计人员进行的继续教育。（　　）

14. 岗前职业道德教育的侧重点应放在职业观念、职业情感及职业规范等方面。（　　）

第四节　会计职业道德建设的组织与实施

一、单项选择题

1. 在我国，组织和推动会计职业道德建设，并对相关工作依法行政的机构是（　　）。

A. 会计职业组织　　B. 其他机构

C. 工商行政管理部门　　D. 财政部门

2. 属于对会计职业道德进行自律管理的机构是（　　）。

A. 财政部门　　B. 会计职业组织

C. 工商行政管理部门　　D. 其他组织

3. 首次将会计人员应当遵守职业道德列入法律条款的是（　　）。

A. 1984 年国务院颁布的《会计人员职业试行条例》

B. 1985 年财政部颁布的《会计从业资格管理办法》

C. 1984 年财政部颁布的《会计人员工作规则》

D. 1989 年 10 月 31 日第九届全国人民代表大会修订的《会计法》

4. （　　）是搞好会计职业道德建设的关键。

A. 对违反会计职业道德的行为进行严厉制裁

B. 制定完善的会计法律体系

C. 社会舆论监督，形成良好的社会氛围

D. 加强和改善会计职业道德建设的组织和领导

5. 单位负责人必须重视和加强本单位会计人员的职业道德建设，在任用会计人员时，应当审查会计人员的会计从业资格证书、（　　），选择业务素质高、职业道德好、无不良记录的人员从事会计工作。

A. 职业记录和诚信档案　　B. 会计继续教育记录

C. 会计专业技术资格证书　　D. 会计专业学历证书

二、多项选择题

1. 会计职业道德建设，需要依靠（　　）等力量。

A. 财政部门的组织推动　　B. 会计行业的自律

C. 企事业单位的内部监督　　D. 社会各界的监督和配合

2. （　　）对会计职业道德的基本要求作出了规定。

A.《会计法》　　B.《会计基础工作规范》

C.《会计从业资格管理办法》　　D.《总会计师条例》

3. 在会计职业道德建设中，应当发挥作用的部门或单位有（　　）。

A. 会计职业组织　　B. 各级财政部门　　C. 企事业单位　　D. 会计学术团体

4. 忠于职守、尽职尽责，要求会计人员忠实于（　　）。

A. 自己　　B. 家人和亲戚朋友

C. 国家　　D. 社会公众

5. 属于单位负责人重视和加强会计职业道德建设内容的有（　　）。

A. 单位负责人在任用会计人员时，应当审查其会计从业资格证书、职业记录和诚信档案

B. 单位负责人要重视制度建设，完善内部约束机制，有效防范舞弊和经营风险

C. 单位负责人应当重视开展会计人员道德和纪律教育，并加强检查，督促会计人员诚实守信、爱岗敬业

D. 单位负责人要带头遵纪守法，支持会计人员依法展开工作

6. 关于会计职业道德建设的组织与实施，下列说法正确的有（　　）。

A. 会计职业组织建立行业自律机制和会计职业道德惩戒制度

B. 财政、税务、工商和审计等部门组织和推动会计职业道德建设

C. 社会舆论监督，形成良好的社会氛围

D. 社会各界各尽其责，相互配合，齐抓共管

7. 会计职业组织在促进会计职业道德建设中，可以采取的措施有（　　）。

A. 制定会计职业道德规范

B. 开展会计职业道德典型人物宣传

C. 对严格遵守会计职业道德的会员予以表彰

D. 对违反会计职业道德的会员实施惩戒

8. 下列关于会计职业道德建设组织与实施的表述中，正确的有（　　）。

A. 社会各界应广泛开展会计职业道德的宣传教育，加强舆论监督，倡导诚信为荣、失信为耻的职业道德意识，引导会计人员加强职业修养

B. 企事业单位应形成内部约束机制，防范舞弊和经营风险，支持并督促会计人员遵守会计职业道德

C. 会计行业协会应有效发挥自律机制在会计职业道德建设中的促进作用

D. 各级财政部门应当负起组织和推动本地区会计职业道德建设的责任

三、判断题

1. 会计职业道德建设是一项复杂的系统工程，是社会各界的共同责任，各级财政部门、会计职业团体、机关、企事业单位都要认识到其重要性，齐抓共管。（　　）

2. 会计机构负责人应支持并督促会计人员遵守会计职业道德，依法开展会计工作。（　　）

3. 会计行业自律机制由财政部门组织建立。（　　）

4. 会计职业组织对会计职业道德进行自律和约束。（　　）

5. 会计职业组织起着联系会计人员与政府的桥梁作用，会计职业组织主要通过自律形式实现对会计人员的职业道德约束。（　　）

6. 加强会计职业道德建设，是各级财政部门的重要职责。（　　）

7. 会计行业自律管理制度是对行政管理制度的一种有益的补充。（　　）

8. 会计职业组织可以通过设立会计职业道德调查委员会、技术鉴定委员会、惩戒委员会等行业自律性机构，进一步加强会计职业道德建设。（　　）

9. 申报高级会计师资格评审的人员，如果在财务会计工作中犯有严重错误，受过党纪、

政纪处分，则不能参加高级会计师资格的评审。（　）

10. 单位内部控制制度和奖惩制度不仅是单位经济管理制度的重要内容，也是影响会计人员职业道德观念的重要因素。（　）

11. 建立健全会计人员行业自律管理制度，是政府对会计人员进行宏观管理的必要补充。（　）

第五节　会计职业道德的检查与奖惩

一、单项选择题

1. 有权对会计职业道德进行监督检查的部门是（　）。
   A. 会计职业组织　　B. 财政部门
   C. 纪律检查和监察部门　　D. 工商行政管理部门

2. 财政部门对会计人员遵守职业道德情况进行检查，并根据检查结果进行表彰或惩戒。这种机制属于（　）。
   A. 服务机制　　B. 行政管理机制　　C. 自律机制　　D. 他律机制

3. 建立激励机制，对会计人员遵守职业道德情况进行考核和奖惩的主要依据是（　）。
   A. 会计职业道德准则和规范　　B. 会计职业组织有关规定
   C. 单位内部工作纪律　　D. 《会计法》等法律、法规

4. 下列说法正确的是（　）。
   A. 财政部门作为《会计法》的执法主体，只负责督促各单位严格执行会计法律、法规，对会计人员不进行任何管理
   B. 报考各级会计专业技术资格的会计人员，均要求职业道德品质良好
   C. 各级财政部门表彰会计人员时，只看业绩
   D. 财政部门的监督检查是会计职业道德检查和奖惩机制的主要组成部分，行业自律可有可无

5. 不应由单位负责人承担的责任是（　）。
   A. 保证会计机构和人员依法履行职责
   B. 认真组织和管理本单位的会计核算和监督工作
   C. 代替会计人员办理会计事务
   D. 保证会计资料的真实性和完整性

6. 下列各项中，属于抑恶扬善重要手段的是（　）。
   A. 鼓励机制　　B. 赞扬机制　　C. 奖惩机制　　D. 贬抑机制

7. 会计从业资格证书实行的年检制度是（　）。
   A. 随机年检制度　　B. 定期年检制度　　C. 定点年检制度　　D. 抽样年检制度

8. 下列关于会计职业道德检查与奖惩的意义表述中，不正确的是（　）。
   A. 促使会计人员遵守职业道德规范　　B. 有利于形成抑恶扬善的社会环境

C. 树立会计人员会计职业荣誉感　　D. 具有裁决与教育作用

二、多项选择题

1. 下列有关加强会计职业道德建设手段的描述，正确的是（　　）。

A. 会计职业道德建设与会计执法检查相结合

B. 会计职业道德建设与会计人员表彰奖励制度相结合

C. 会计职业道德建设与会计专业技术资格考评、聘用相结合

D. 会计职业道德建设与会计从业资格证书管理相结合

2. 财政部门对会计职业道德监督检查的途径有（　　）。

A. 会计从业资格证书注册登记管理与会计职业道德检查相结合

B. 会计专业技术资格聘用与会计职业道德检查相结合

C. 会计执法检查与会计职业道德检查相结合

D. 会计专业技术资格考评与会计职业道德检查相结合

3. 为加强会计职业道德建设，财政部门可以采取的措施有（　　）。

A. 将会计职业道德建设与会计从业人员管理结合起来

B. 将会计职业道德的内容予以法律化

C. 组织开展会计执法检查

D. 开展会计职业道德宣传教育

4. 财政部门在开展下列工作时，可以将会计人员遵守职业道德情况纳入其检查与考核内容的有（　　）。

A. 会计从业资格证书注册登记　　B. 会计执法检查

C. 高级会计师资格考试　　D. 会计人员评优表彰

5. 下列单位或部门，可以对违反职业道德的会计人员进行处罚的有（　　）。

A. 所在单位　　B. 财政部门

C. 业务主管部门　　D. 行业自律组织

6. 会计职业道德检查与奖惩的意义主要有（　　）

A. 促使会计人员遵守职业道德规范　　B. 具有裁决与教育作用

C. 制止犯罪行为的发生　　D. 有利于形成抑恶扬善的社会环境

7. 会计职业道德检查与奖惩机制的内容主要包括（　　）。

A. 财政部门的监督检查　　B. 会计职业组织的自律管理与约束

C. 激励机制的建立　　D. 裁决与教育

三、判断题

1. 会计职业道德是一种职业规范，只能由财政部门对不遵守会计职业道德的会计人员进行惩戒。（　　）

2. 对会计人员的表彰奖励应注意将物质奖励和精神奖励有机结合起来。（　　）

3. 开展会计人员表彰奖励活动，使会计人员学有榜样、赶有目标，有利于推动会计职业道德建设。（　　）

4. 财政部门可以通过会计职业道德建设与会计人员表彰奖励制度相结合的途径来实现对会计职业道德的监督检查。（　　）

5. 业务主管部门和各单位应当定期检查会计人员的职业道德情况，并作为会计人员晋升、晋级、表彰、奖励的主要参考依据。（　　）

6. 会计行业的自律机制和会计职业道德惩戒制度是由财政部门组织建立的。（　　）

7. 会计职业道德的检查与奖惩机制主要指财政部门的监督检查。（　　）

四、案例分析题

1. 2017 年年初，某集团公司财务部拟组织本系统的会计职业道德培训。为了使培训工作更具针对性，公司财务部就会计职业道德概念、会计职业道德与会计法律制度的关系、会计职业道德规范的内容、会计职业道德教育及组织实施等问题进行讨论，会计人员甲、乙、丙、丁分别发表意见。

要求：根据上述资料，回答下列问题。

（1）关于会计职业道德概念问题，四人观点正确的有（　　）。

A. 甲认为，会计职业道德涵盖了人与人、人与社会、人与自然之间的关系

B. 乙认为，会计职业道德是体现会计职业特征的、调整会计职业关系的职业行为准则和规范

C. 丙认为，会计职业道德是指会计职业活动中应当遵循的行为准则

D. 丁认为，会计职业道德是会计人员在社会交往和公共生活中应当遵循的行为准则

（2）关于会计职业道德与会计法律制度的关系，四人观点不正确的有（　　）。

A. 甲认为，两者实现形式一样，性质不一样

B. 乙认为，两者在性质、实现形式上都不一样

C. 丙认为，两者在性质、实现形式上都一样

D. 丁认为，两者性质一样，实现形式不一样

（3）关于会计职业道德规范的内容，四人观点正确的有（　　）。

A. 甲认为，会计人员的根本任务就是强化服务，应当无条件服从领导，不折不扣地贯彻领导意图

B. 乙认为，会计职业是一项极为特殊的职业，整天与钱财打交道，如果爱贪爱占，很容易走上犯罪的道路，会计职业的特殊性决定了会计人员必须做到“常在河边走，就是不湿鞋”

C. 丙认为，会计人员应该热爱本职工作，尽职尽责

D. 丁认为，会计人员在处理业务过程中应严格依法办事

（4）关于会计职业道德教育问题，四人观点正确的有（　　）。

A. 甲认为，会计职业道德教育途径包括会计学历教育、会计继续教育、会计人员的自我教育与自我修养

B. 乙认为，会计职业道德教育不能片面强调学历教育，无视或忽视会计人员继续教育、自我教育与自我修养

C. 丙认为，开展会计职业道德教育的唯一途径就是依靠学历教育，只有这样，才能培养会计职业道德观念，强化会计职业道德情操

D. 丁认为，会计职业道德教育需要内外结合

（5）对财政部门检查中发现的违反《会计法》的行为，四人观点正确的有（　　）。

A. 甲认为，应对相关人员暂停从业资格

B. 乙认为，应指令相关人员参加一定学时的继续教育

C. 丙认为，应对相关人员在会计行业范围内通报批评

D. 丁认为，应在行业内部的公开刊物上予以曝光

2. 刘某毕业于某大学，自从参加工作以来一直从事办公室文秘工作，刘某对待工作恪守职责，兢兢业业，深受公司领导和同事们的好评。由于单位会计部门人手不足，公司领导要求刘某担任财务部门的出纳。领导认为，虽然刘某暂时没能具备会计专业技术，但出纳并不属于会计岗位，刘某工作能力强，很快就能适应。

刘某从事出纳工作半年后，参加了财政部门组织的会计技能培训并顺利取得了结业证书。后刘某因工作任劳任怨，刻苦钻研业务，积极提出合理化建议，多次被公司评为先进会计工作者。

几年后，刘某的父亲在一家私营电子企业任总经理，在其父亲的多次要求下，刘某将在工作中接触到的公司新产品研发计划及相关会计资料复印件提供给其父亲，给公司造成了一定的损失，但尚不构成犯罪。公司认为其不宜继续担任会计工作。

要求：根据上述资料，回答下列问题。

（1）刘某因工作任劳任怨，刻苦钻研业务，积极提出合理化建议，多次被公司评为先进会计工作者，体现了其具有（　　）的会计职业道德。

A. 客观公正　　B. 爱岗敬业　　C. 提高技能　　D. 参与管理

（2）刘某将公司新产品的研发资料复印件给其父亲，给公司造成一定的损失，违背了（　　）的会计职业道德规范。

A. 诚实守信　　B. 客观公正　　C. 廉洁自律　　D. 强化服务

（3）对刘某违反会计职业道德规范的行为，可由（　　）给予处罚。

A. 人民法院　　B. 财政部门　　C. 本公司　　D. 会计职业组织

3. 2017 年 5 月，某市财政机关在对乙公司遵守会计法律制度和会计人员遵守会计职业道德情况进行检查中发现以下问题：

（1）乙公司主管会计马某在编制 2016 年年度财务会计报告时，按照公司董事长授意，将年度财务会计报告的会计报表从亏损做成盈利。

（2）会计人员钱某不安心本职工作，不求进取，应付了事。

（3）出纳王某在一次经办会计业务中收受客户礼品，没有坚决按照国家法律、法规严格审查各项财务收支，放松了会计监督的职责。

要求：根据上述资料，回答下列各题。

（1）从会计职业道德的内容分析，马某弄虚作假的行为违反了（　　）的基本要求。

A. 爱岗敬业　　B. 诚实守信　　C. 廉洁自律　　D. 参与管理

（2）从会计职业道德的内容分析，钱某不安心本职工作，不求进取，应付了事的行为违反了（　　）会计职业道德规范的基本要求。

A. 爱岗敬业　　B. 诚实守信　　C. 廉洁自律　　D. 参与管理

（3）从会计职业道德的内容分析，王某收受客户礼品的行为违反了（　　）会计职业道德规范的基本要求。

A. 爱岗敬业　　B. 诚实守信　　C. 廉洁自律　　D. 参与管理

（4）如果钱某、王某的行为只是违反会计职业道德规范而没有触犯会计法律制度，会计职业组织可根据情节轻重采取（　　）等方式进行相应的惩罚。

A. 通报批评　　B. 参加继续教育

C. 不得从事会计工作　　D. 退回向客户收取的费用

4. 丁公司 2017 年的工作中存在以下情况：

（1）财务部经理张某努力学习理论知识，抓住公司经营管理中的薄弱环节，以强化成本核算和管理为突破口，将成本逐层分解至各部门并实行过程控制，大大降低成本，提高了经济效益。

（2）为帮助各部门及时反映成本费用，落实成本控制指标，会计徐某精心设计核算表格，并对相关人员进行核算业务指导，提高了该项工作的质量。

（3）公司处理一批报废汽车收入 15 000 元，公司领导要求不在公司收入账上反映，指定会计李某另行保管，以便经理室应酬所用，会计李某遵照办理。

（4）甲公司财务经理找到丁公司会计王某，以给 5 000 元好处费为诱饵，希望王某促成丁公司为甲公司银行贷款作担保，遭到王某拒绝。

要求：根据上述情况，回答下列问题。

（1）财务部经理张某的行为体现的会计职业道德规范有（　　）。

A. 廉洁自律　　B. 坚持准则　　C. 参与管理　　D. 提高技能

（2）会计徐某的行为体现的会计职业道德规范有（　　）。

A. 客观公正　　B. 坚持准则　　C. 参与管理　　D. 强化服务

（3）会计李某的行为违反的会计职业道德规范有（　　）。

A. 客观公正　　B. 坚持准则　　C. 诚实守信　　D. 提高技能

（4）会计王某的行为体现的会计职业道德规范有（　　）。

A. 客观公正　　B. 坚持准则　　C. 廉洁自律　　D. 提高技能